中学
语文

聚焦阅读教学新要领；
构建阅读教学新理念；
解锁阅读教学新技能；
完成阅读教学新目标。

叶国勇 陈俊容 祝科◎著

中学语文阅读教学
思考与实践

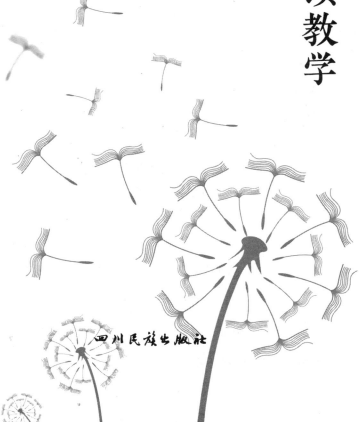

四川民族出版社

图书在版编目（CIP）数据

中学语文阅读教学思考与实践／叶国勇，陈俊容，祝科著. -- 成都：四川民族出版社，2024.1

ISBN 978-7-5733-1738-4

Ⅰ.①中… Ⅱ.①叶… ②陈… ③祝… Ⅲ.①阅读课–教学研究–中学 Ⅳ.①G633.332

中国国家版本馆CIP数据核字（2024）第042600号

ZHONG XUE YU WEN YUE DU JIAO XUE SI KAO YU SHI JIAN
中学语文阅读教学思考与实践

叶国勇 陈俊容 祝科 著

出 品 人	泽仁扎西
责任编辑	伍桔莹
装帧设计	郭 莉
责任印制	谢孟豪
出版发行	四川民族出版社有限责任公司
地 址	成都市青羊区敬业路108号
制 作	成都语汇文化传播有限公司
印 刷	成都现代印务有限公司
成品尺寸	145mm×210mm
印 张	9.75
字 数	205千
版 次	2024年1月第1版
印 次	2024年1月第1次印刷
书 号	ISBN 978-7-5733-1738-4
定 价	58.00元

前　言

　　新理念进入语文教学，经过十几年的发展，特别是到了新课标颁布以后，语文教学发生了巨大变化。新课标的颁布是一个巨大的，甚至是跨越性的发展。其中，课程观的推进，核心素养的提出，语文学习任务群的确立，给语文教育注入了源头活水，使阅读的教与学都发生着重大的转变。

　　第一是强调核心素养的提升。新课标提出了核心素养的概念，语文学科的核心素养是语言建构与运用、思维发展与提升、审美鉴赏与创造、文化传承与理解。这四大核心素养主要关注了两点：一是语文能力，二是人文浸润。其实还是工具性和思想性两个方面。从语文素养，从科学理性的基础上再往现在发展，慢慢地走到了人文品格这一方面。在核心素养中，不仅要增强语文能力，还要加强人文思想的浸润。

　　第二是重视培养解决真实情境中复杂问题的能力。过去可能更多的是学知识，学技能，学方法，让学生具备某种能力。在新的课程观中，倡导的是要让学生完成特定的任务，这就是在真实情景中解决复杂的问题。通俗点说，就是要让学生学习做事，在做事的过程中建构知识、具备能力。老师设置任务，选择资源，提供情境，设计活动，让学生去开展活动，通过特定的活动完成任务、解决问题。教学中，老师们需要把教材中提供的资源化解为课堂教学的一部分。学生在做事过程中需要运用智慧，通过阅读大量的资源，采用适当的方法，借助多样的方式来解决实践中的问题，完成任务。那么通过教师和学生的配合，最终要达到的目标就是，让学生在完成任务的过程当中，积累语言文字运用的经验，积累阅读的体验，建构语文知识，建构语文能力，从而有道德提升语文素养。

第三是要让学生学会从复杂的语言材料中寻找解决问题的方案。过去很长时间内的语文教学都是以单篇课文为主，即选文制的单篇课文阅读。课堂教学中关注的是文章的文本解读、思想内容、布局、结构、分段、概括段落大意、概括中心、写作特点等。而今天，语文阅读教学发生了很大转变，新时代阅读教学主要关注专题阅读、主题阅读、群文阅读、互文性阅读、"1+X"阅读、单元教学、整本书阅读等。这样的阅读更接近我们真实的阅读生活。阅读教学中，老师需要考虑围绕实际问题给学生布置活动、任务，提供阅读资料，让学生从大量的阅读资料中找到解决问题的方案。教师在进行教学时采用阅读教学技能，在教学设计上运用教学创意，这也体现出教师的教学素养和教学智慧。

　　阅读教学是语文教学的中心环节，提升学生的阅读能力、培养学生的阅读技巧是语文教师的重要任务。为了激发学生的阅读兴趣，提高语文阅读教学质量，本书分析了目前语文阅读教学中存在的问题，通过语文教师阅读教学的九项基本技能的介绍，从教学研究和教学设计艺术的角度，阐释了充满新意的、有个性的六大教学构想，聚焦阅读教学设计的关键要领完成语文阅读教学的学习目标。

·目 录·

第一章 语文阅读教学取向现状及问题分析

第一节 教学取向的现状 ……………………………… 3

第二节 两种教学取向各有所长 ……………………… 8

第三节 双向并行教学取向在课堂教学中的践行 …… 13

第二章 语文阅读教学的基本技能

第一节 课型设计技能 ……………………………… 35

第二节 能力训练技能 ……………………………… 41

第三节 语言教学技能 ……………………………… 45

第四节 活动组织技能 ……………………………… 56

第五节 手法运用技能 ……………………………… 64

第六节 朗读教学技能 ……………………………… 70

第七节　学法指导技能 ································ 79

第八节　教案撰写技能 ································ 87

第九节　语言表达技能 ································ 97

第三章　语文阅读教学的创意角度

第一节　语文教师教学阅读的三个阶段 ·············· 103

第二节　什么是多元解读 ·························· 119

第三节　什么是教学创意 ·························· 130

第四节　教学创意讲究"新" ······················ 136

第五节　教学创意讲究"简" ······················ 141

第六节　教学创意讲究"实" ······················ 147

第七节　教学创意讲究"活" ······················ 150

第八节　教学创意讲究"雅" ······················ 156

第九节　教学创意讲究"趣" ······················ 165

第四章　语文阅读教学设计要领

第一节　诗歌阅读的教学设计 ···················· 173

第二节　散文阅读的教学设计 ···················· 189

第三节　小说阅读的教学设计 ···················· 202

第四节　新闻报道类文本阅读的教学设计 ·········· 217

第五节　论述类文本阅读的教学设计 ·············· 230

第六节　说明类文本阅读的教学设计 ····················· 248

第七节　文言文阅读的教学设计 ························· 259

第八节　整本书阅读的教学设计 ························· 276

参考文献 ··· 296

第一章

语文阅读教学取向现状及问题分析

　　语文阅读教学"取向"意为"选取的方向"，即教师在权衡教学利弊得失的情况下对自身教学行为的一种选择。对于一线语文教师而言，阅读教学取向不仅属于理论研究的事，还是对教学质量高低、学生阅读能力培养的有效性起着决定作用的重要前提。它决定着教师是基于自己做什么来实施教学，还是基于学生怎么学来组织教学。

　　近年来，"直接教学取向""建构主义教学取向"在中学语文阅读教学领域各有所长，且彼此似乎针锋相对。前者强调教师对学生学业成就影响力的传统教学取向，它主张教师在课堂教学中通过有效分配时间，将知识和概念等直接讲解、呈现，并传递给学生，尽可能在有限时间内完成预定的学习目标；后者强调学生是主动的学习者，教师是一旁的指导者。在阅读教学中，教师不应一味地讲授或控制所有课堂学习活动，而应通过多种方式来促进学生理解、建构、学以致用，这是此轮课改为矫正当前教师灌输有余、学生学习主动性不足而力推的一种教学取向。不管外界如何争论，在日常教学中，一线语文教师往往会根据自己的成本付出和现实效益评估来选择有利于教学和提升学生学业成就的教学取向。

第一节 教学取向的现状

当前，一线教师如何看待这两种教学取向？被教师付诸实际行动的教学取向是什么？针对这两个问题，我们对五百位城乡语文教师进行了调查。针对"您所在备课组的教师常付诸实际行动的教学取向"这个问题，我们设置了如下五个选项。

A. 教学取向的问题是理论研究的事，对一线教师是"远水解不了近渴"，倾向于按照自己的教学经验来教学。

B. 倾向于在课堂教学中通过有效分配课堂时间，将知识和概念直接讲解、呈现，并传递给学生，以便尽可能在有限时间内高效实现预定的目标。

C. 倾向于让学生自己建构知识，在小组中与他人合作去形成观点并解决挑战性问题。

D. 如果是公开课，就多安排些学习活动，让学生通过活动学习；如果是日常课，就不搞那些"花架子"，以教师直接讲解、呈现知识和概念等为主。

E. 其他。

调查显示，有38.99%的教师选择B；同时，部分教师意识到传统的"直接讲解和呈现"教学取向之不足，17.09%的教师转而思考、探索并践行"倾向于让学生自己建构知识"的建构主义教学取向。但很多教师夹在传统和课改之间，做出了适应生存的"两面"教学取向选择，高达34.87%的教师选择D。教师们选择这种失衡的"两面"教学取向是内外多重因素导致的，虽无可厚非，但这一选择事实上折射出在沿袭传统教学取向和探索新教学取向时，认识和选择使用中的单向度倾向在教师们的头脑中不知不觉已根深蒂固。

首先，教师对两种教学取向的认识存在非此即彼的单向度倾向。一方面，固定课时内传统教学方式简便易行、知识信息传递量大，因此直接讲授知识这一传统教学取向依旧被广大教师青睐。在具体教学操作中，教师习惯于把直接教学取向与建构主义教学取向看作是针锋相对的，将其中的"直接"要么理解为直接告知答案，要么理解为缺少学生参与的教师串讲、分析到底。另一方面，建构主义教学取向虽引起部分教师关注，但很多教师把本应包含学生思维参与的学习活动误认为是一种简单的外在动作技能展示，认为这种活动虽有助于提升学生语文学习兴趣，但只是公开课上中看不中用的"花架子"，过多的学习活动可能带来思维浅表化和扁平化，日常课不宜普遍采用。

其次，教师在两种教学取向的使用中存在偏颇。这体现在以下三个方面。第一，使用直接教学取向时存在"重量不重质"的问题。直接教学本指教师在课堂教学中有目的、有意向的教学指导行为，这是从古至今教育者传承前辈智慧和文明的行之有效的方式。但在当前教学中，很多教师往往将"直接"理解为"重量不重质"的单向度讲解，即精准定向的讲解少，无序的讲解多；解惑答疑性的讲解少，预设重复性的讲解多；深入本质的讲解少，事实陈述的讲解多，在讲解时普遍存在将知识作为事实来简单告知而不是引导学生深刻理解。对直接教学取向的误用导致了阅读教学"满堂灌"之痼疾。第二，学习活动的设计和使用不科学。"只有通过自己劳动而获得的知识能力，才能成为自己永久性的财富。"在建构主义教学取向中，设计学习活动的初衷是让学生通过实践活动获得解决问题的经验、积累语言运用经验、提高语言运用能力，进而提升能力和素养，但当前在设计和使用学习活动时，普遍存在的问题是：注重手段，忽略目的；注重形式，忽略内容；注重活动中的热闹展示，忽略活动后的评价反馈指导。这样的学习活动使学生难以静心读写思悟，易导致搁浅于浅层学习的课堂浮躁。第三，教师对学习活动进行反馈和评价的能力严重不足，这也导致建构主义教学取向在实际使用中的肤浅化。和直接讲授可预设的教学内容相比，对学习活动进行现场评价和即时指导显然对教师的专业素养和教学组织能力的要求要高得多。很多教师往往不知如何用评价引导学生由现象深入到本质，由对语言现象的感知提升到对语言应用规律的理性把握。因此，在学生学习活动结束后，教师不置可否的现象较多。教师在学习活动中反馈和评价指导方面的无力、无效导致学习活动走过场，学生虽做了，但无法在体验和感受的基础上进入深度学习。

再次，教师对建构主义教学取向中学习活动设计的风险评估存在单向度倾向。虽然大家普遍认可学习活动对学生未来发展的积极意义，但是在高利害、纸笔测验和问责制评价环境中，部分教师认为，与建构主义教学取向相比，直接教学取向在短时间内更能保证教学任务的完成，而建构主义教学取向在固定时间内性价比不高且起不到立竿见影之实效，有时甚至因活动耗时过多而造成该讲的没时间讲，进而造成学生测验成绩不理想。同时，部分教师认为建构主义教学取向只适用于小班额下的"精英"教学，是"不服中国水土"的理想主义教学取向。在班额普遍为45~55名学生的现实条件下，采取建构主义教学取向，让学生进行讨论、探究等学习活动虽有利于一部分基础好、思维活跃且善于表现的学生的发展，但会牺牲大部分基础不扎实、不善于表述的学生的发展。

最后，教师工作量普遍超载是造成教学取向失衡的外在现实原因。语文教师工作量普遍超重，几乎没有时间和精力系统、完整地学习和探索一些新事物。对教育理念缺少精神要义把握的形式主义的推广和培训往往使真理滑向谬舛，使实际事务繁多的教师疲于应对、迷失方向。于是，快刀斩乱麻，用"两面"教学取向来应对公开课和日常课就变成了教师心照不宣的事情。

第二节　两种教学取向各有所长

一些研究表明建构主义教学提高了学生的阅读成绩，但也有一些研究发现直接教学比建构主义教学取得的教学效果更好。事实上，这两种教学取向在教学实际中并不是针锋相对、水火不容的，而是各有所长、各有其针对性。

一、对直接教学取向的貌似熟悉和误解

因几千年"师者，所以传道授业解惑"这一教师角色的传统定位，我们对直接教学取向似乎非常熟悉，然而，我们并没有真正把握直接教学取向的科学内涵，甚至对它还有些误解。大部分语文教师一直以来认为直接教学就是教师把自己知道的直接讲给学生听。这一误解使直接教学形象不佳，教师讲授要么不痛不痒，没有讲到要害处，要么东拉西扯，滔滔不绝"满堂灌"。虽然不能说学生从这种讲授中学不到一点东西，但"授课绝不是把学习之酒往消极的空瓶中倾注似的灌输知识。如果是那样的话，教师的好坏就无关紧要了"。

那么，到底什么是直接教学？直接教学是指为实现预设教学目标，教师在课堂教学中通过有效分配时间将知识、信息、概念向学生直接阐释、讲解、告知。直接教学取向强调：作为教学的组织者，教师应对学生的学习进行计划、指导和调控。学生"到哪里去、怎么去、知道到了哪里"应由教师事先计划安排好，任由学生自己摸爬滚打的"放羊"势必低效甚至无效。直接教学取向所强调的有目的地讲授，并不是主张回归到教师的"独言堂"，而是强调从改进讲授本身入手，将每一次讲授和课堂教学目标达成建立内在关联。认知精制理论认为，学习"精制"的有效方式之一就是向他人解释材料。善于倾听详细解释的学生比单独工作的学生在一定时间内学到的知识会多得多。当前，我们为纠偏而强调学生主动学习，但我们绝不能认为教师的有效讲授和指导不再有用，从"满堂灌"这一极端走到"放羊"另一极端。即使在推行建构主义教学取向的欧美等国，他们也并不认为直接教学就一无是处。美国教育心理学专家罗伯特·斯莱文曾提出有效的直接教学的组成部分：阐明学习目标，使学生适应课堂教学；复习先前所学，呈现新内容；进行学习测查，提供独立练习；评价表现并提供反馈；进行分散练习和复习。

二、两种教学取向各有所长

一方面，任何高效的学习绝不会自然、偶然地发生。直接教学的强计划性在传授系统知识方面具有一定优势。学生学会学习不会自动发生，与任由学生自己摸爬滚打相比，教师在直接教学中事先安排好学生"到哪里去、怎么去、知道到了哪里"，能让学生的学习更有效率。另一方面，建构主义虽不是十全十美，但它对我国当前"以教代学"这一课堂教学顽疾的治疗有一定针对性。建构主义教学取向强调：教师帮助学生是为了让学生自己能独立学习，学生是学习的主动进行者，教师不能越俎代庖。不管教师怎么预设安排，"走到那里去"的人是学生而不是教师。它所强调的"学生是意义的主动建构者，其学习和认知受到原有经验、文化背景的支持和限制"，有利于教师走出自我中心主义的误区，进而在把握学生知识背景、认知发展水平起点的基础上做好教学设计；它所强调的"学生是以自己的经验为基础来建构、解释现实，对知识的理解必然存在个体差异，故学习时彼此须进行对话协商"，能促进学生在合作学习中了解与自己不同的观点，丰富自己对世界的多角度认识；它所强调的学习情境性，即"学生理解、建构知识受到特定学习情境的影响，学习知识不能满足于教条式掌握，须把握它在各种具体情境中的复杂变化"，有利于改变学生对书本静态知识学习的过多倚重，改变语文学习囿于抽象知识的牢笼且与日常生活割裂的局面。

三、两种教学取向的互补为用

在建构主义教学取向中，学生是学习的主动进行者，教师不能越俎代庖，教师帮助学生也是为了学生能自主。在直接教学取向中，教师须有意识、有目的地进行教学。两种教学取向差异可以转化为教学财富，它们完全可以在各尽所长的基础上互补为用。"直接教学尤其适用于教授那些学生必须掌握的定义、明确的信息或技能，且在概念的发展方面也比发现法更加高效。有时，直接将知识、信息和概念直接向学生阐释、告知就是有效的教学取向。但当教学的主要目标是深层次的概念改变、探究或发现，或者是开放性的教学目标时，直接教学就不太适用了。"

两种教学取向互补为用时将有助于改善学习效果。例如，当教学目标指向掌握小说阅读策略和能力的"知"与"行"时，如果教师仅停留在抽象地直接讲授，那教学势必是隔靴搔痒，劳而无功。教师只有先以某篇小说为例，在学生阅读、体验的基础上通过直接讲授，引导学生初步归纳、掌握小说的文体特征和阅读策略，再让学生在其他文本情境中运用这一策略去自主阅读，教学才能取得"引导学生掌握小说阅读策略和能力"的预期成效。根据不同教学内容因地制宜地选用这两种教学取向，让两种教学取向各尽其能、互相补充，即该直接讲授时，教师精准讲授；该让学生建构时，教师设计学习任务让学生活动、体验、建构。这样，教师才能既向学生传授必备知识，又引导学生"在做中学"，形成关键能力，并将学习内容中所蕴含的核心价值观和必备品格内化于心。

第三节　双向并行教学取向在课堂教学中的践行

"对有关新的事实的各种假说，部分的、侧面的、反映真理的甚至反面的百家之言加以分析、对比，再从理论上综合"，将是解决这一两难问题的科学思维方式。不管特定时期为矫正时弊之需力推哪一种教学取向，教师都不应以"非此即彼"的思维方式去认识、选择、使用直接教学和建构主义教学取向。践行双向并行教学取向，"因地制宜"地选用直接教学和建构主义教学取向，以二者的互补并用达成学习目标才是我们始终应坚守的阅读教学理念。双向并行教学取向不是要我们平均使用两种教学取向，而是提倡根据不同的教学内容互补选用。它既要求从学生学习的角度考虑教学设计，关注学生的学习过程和成效，又强调教师对学生学习的正向引导；它既要求教师有目的地讲授必备知识，又要求教师根据教学目的对学习任务进行结构化预设安排，引导学生"在做中学习、体验和建构"。

一、阐明学习目标，让学生知晓所学对自己的意义

"清楚地阐明课程目标能提高学生的成绩。课堂教学的第一步是阐明学习目标或学习结果。"向学生阐明学习目标或学习结果不仅是让学生明白自己要知道什么，而且也让学生知晓运用新的知识和技能能够做什么以及如何解决问题，即明白所学在现实生活中对自己有什么意义。这种知晓将给学生的后续学习提供强大、持续的内驱力。但当前语文教师对学习目标的阐明，往往注重为后续的文本内容理解进行知识铺垫或营造情感氛围，而忽略阐明所学对学生未来学习和生活的实际意义，如表1–1、表1–2所示两种教学导入。

表1–1　第一种教学导入

环节	教师活动	学生活动	设计意图
设置情境，引出"奇丈夫"	导入：一百多年前的中国，人民饱受欺凌，经过几代热血男儿的奋勇抗争，中国人民终于站起来了（多媒体展示中国第一颗原子弹爆炸的盛况）。 这些可歌可泣的英雄人物，他们傲骨铮铮，用自己的言行诠释了什么样的人才是"中国男儿"（多媒体展示《中国男儿歌》）。其中有一位"奇丈夫"，他就是"两弹元勋"——邓稼先。让我们跟随杨振宁走近邓稼先。	活动：齐读《中国男儿歌》。	在特定的历史背景中对人物形成初步印象，明确学习目标。

表1-2　第二种教学导入

环节	教师活动	学生活动	设计意图
导入新课，明确目标	导入：出示邓稼先与杨振宁的合影，介绍两位卓越的科学家，他们是同乡，亦是好友。一个蜚声海内外可谓家喻户晓，另一个同样功勋卓著却鲜为人知。 他们都是非常杰出的科学家，就让我们随着杨振宁饱含深情的笔，一起去追忆他的挚友——邓稼先。学习这篇课文，我们继续使用默读的方式，通过抓关键词句来带动阅读，一是筛选信息，概括信息，理清思路；二是走近邓稼先，了解他的伟大贡献，感受他的崇高品格。	活动：请学生根据自己预习所获，用一句话介绍杨振宁或者邓稼先。	对人物形成初步印象，明确学习目标。

　　这两种教学导入在课堂教学中非常普遍。显然，第一种教学导入语非常注重为后续文本内容的理解营造情感氛围，但忽略了阐明所学对学生将产生的作用。第二种教学导入虽直接交代了作者和文中主人公的关系，也告知了教师要学生做什么，但学生并不清楚自己学了之后有什么用，阐明学习目标的驱动和定向作用被打了折扣。因此勾连学生的个人生活体验，强调所学内容对学生的重要价值才是阐明学习目标这一教学行为的意义所在。以下案例对学习目标的阐述值得深思。

　　今天我们将开始讨论第二次世界大战的起因。第二次世界大战可以说是20世纪最重要的历史事件。当今世界的政治格局——欧洲的版图，美国的政治霸权，曾受苏联控制的东欧国家的问题，甚至中东问题，这些都能追溯到希特勒的崛起及其引发的流血冲突。我确信你们当中有许多人的亲属曾参与过战争，或者他们的生活深受战争影响。如果你的亲属或你熟知的人参与过第二次世界大战，请举手。

如今的德国和平而繁荣。像希特勒这样的一个人是如何掌控大权的？为了理解这个问题，我们首先要了解第一次世界大战战败后的德国，以及为什么一个失业的奥地利画家居然能领导欧洲最强大的国家之一。

这节课结束时，你们将会了解到促使希特勒崛起的德国的局势，希特勒得逞的原因以及他掌权路上的主要事件。

在这个案例中，教师第一句话就直切"讨论第二次世界大战的起因"这一主题；接着，通过强调理解二战的起因和此事件对读懂当今社会政治格局的助益，教师阐明了该学习内容在当下的重要价值；然后，教师有意让学生联想参加二战或深受二战影响的亲属，将所学内容与学生的个人生活体验建立关联，以此激发学生的学习内驱力；最后，教师用一句话非常明确地指出本节课结束时学生要掌握的内容，即"了解到促使希特勒崛起的德国局势、希特勒得逞的原因以及他掌权路上的主要事件"。按此思路，我们可以通过如下阐述导入《邓稼先》的课文学习并明确本课的学习目标。

原子弹，人类历史上出现的最具有威慑性的大规模杀伤性武器，其刚诞生不久就被投入了战场，并成为二战结束的加速器。因为其巨大的威力和难以对抗性，没有谁不畏惧它。即使是实力相差较大的两国，一旦弱势国家拥有了有效的核能力，强势国家由于难以承担核打击所带来的损失也变得有所收敛。20世纪70年代以来，拥有有效核能力的国家再也没有面临过本土的规模性战争，这也是现在的朝鲜不惜一切代价谋求核能力的原因。

1964年10月16日，中国第一颗原子弹爆炸成功。中国成为继美国、苏联、英国、法国之后第五个拥有核武器的国家，这有效地抵御了核大国对我国的威胁，捍卫了国家安全。但作为在中国核武器研制方面曾做出卓越贡献的"两弹（原子弹和氢弹）元勋"邓稼先，却鲜为人知。直到他死后，人们才知道了他的事迹。他有着什么样的人生经历？他的哪些气质、品格、精神铸就了他非凡的贡献？他是在什么条件下尽职尽责乃至鞠躬尽瘁的？作为他的挚友，同是科学家的杨振宁，从哪些角度来写邓稼先并寄托自己对亡友的深情？

今天，我们将用精读方法学习《邓稼先》这一课。请你通读全文，找出在内容上能帮你理解文章内涵、在结构上能帮你厘清全文脉络的关键语句和段落，并揣摩品味其含义及表达妙处。在此基础上，找出文中的细节描写，并结合邓稼先生平及所处时代品鉴这些细节描写，感受他的气质、品格及精神。

这节课结束时，在体会邓稼先用一生所诠释的中国脊梁精神的同时，我们要学会通过抓住关键语句和段落，品味细节描写，初步了解如何精读一篇文章，如何通过细节描写写出一个人的精神和品质。

此外，教师也可通过提问引导学生自己阐述学习目标或结果。"参与课程设计并对自己的学习有控制感的学生具有更强的学习动机。"学生的回答既能为教师提供有价值的信息，又能借学生的思考、探索将教师的课程设计变为学生自己的学习规划。如把以上对学习目标的直接阐述改为如下设问。

精读要求对文章的语言、结构、内容、写作方法等进行精琢细磨。今天，我们将学习用精读方法阅读《邓稼先》。如何进行专业的精读？请同学们学完本课后思考并回答。

二、学习内容的结构化预设

学习内容事实上是教师根据学情给学生开的学习"处方"。在诊断学生学情，了解学生已掌握知识、能力的基础上，教师应将学习内容"处方"清晰地呈现给学生。与零散信息相比，学生更能理解并记住那些结构清楚、组织良好的学习内容。学习内容的结构化预设必须结构清晰、重点突出。教师必须依据学习目标将相关知识、能力组织成有结构的知识、能力体系并向学生呈现。例如为初步培养学生独立阅读小说的能力，统编初中语文教材在课后"思考探究"中设置了涉及十二项能力培养的思考练习题。这十二项能力如下。

1. 梳理小说情节，用示意图表示。

2. 联系小说创作背景，分析人物关系前后变化的原因。

3. 画出文中环境描写的语句，体会环境描写的作用。

4. 从不同角度梳理故事情节。

5. 联系人物所处社会环境，分析小说中人物形象特征。

6. 体会叙事视角选择对故事讲述的作用。

7. 分析人物心理，把握小说主题。

8. 品味语言，体会小说诗意。

9. 明确叙事线索，理解其作用。

10. 梳理小说情节，复述课文。

11. 分析人物形象特征，了解其折射的世态人情和社会风貌。

12. 结合内容把握小说艺术手法。

如果教师仅结合课后习题要学生分步掌握这些能力，而不告知学生能力之间的内在关联，那学生将难以整合各项阅读技能并在融会贯通的运用中获得独立阅读小说的能力。教学之初，教师可以用层级化提纲向学生呈现小说阅读能力培养进程，既非常清晰地告诉学生在学完某小说单元后必须掌握什么、能做什么，又结合各篇课文特征引导学生分步掌握小说阅读能力。与被动跟着教师学却不知要走向何方相比，这种事先呈现小说阅读能力培养进程的教学，能使学生心中有数，进而能主动评估和调整自己的阅读能力训练情况。

随后的课堂教学可按此进程依次推进。在一课学习结束即将开始下一课学习前，教师可指出"我们通过课文已初步学习了什么，现在准备学习什么"。通过这种阐释，教师可向学生清晰地呈现教学内容组织结构。"如果课程结构清晰地展开，并在各部分过渡处对该结构进行说明，则可以提高学生对课程的理解水平。"在教学开始时，教师也可以给学生提供一张标明学习进程及结果的学习安排表。如七年级下册安排了三个单元来学习精读，在进入第一单元学习时，教师可先给学生提供这样一份学习安排表（见表1-3）。

表1-3　精读学习安排表

七年级下册第一单元	1.《邓稼先》 2.《说和做——记闻一多先生言行片段》 3.《回忆鲁迅先生》 4.《孙权劝学》	1.在通览全篇、了解大意的基础上，揣摩、品味文中关键语句或段落的含义和表达妙处。 2.结合人物生平及其所处时代，通过细节描写把握人物特征，理解人物思想感情。
七年级下册第二单元	5.《黄河颂》 6.《老山界》 7.《土地的誓言》 8.《木兰诗》	3.注重涵泳品味，调动体验与想象，把握抒情方式，感受作者情怀。 4.细心揣摩文中精彩段落和关键语句，学习做批注。
七年级下册第三单元	9.《阿长与〈山海经〉》 10.《老王》 11.《台阶》 12.《卖油翁》	5.了解不同叙事文体的基本特征，提高整体把握文章结构层次的能力。 6.加强文本细读，关注细节描写，揣摩人物心理，把握人物形象特点，体会平凡人物身上闪光的品格。

　　除通过提示讲清楚教学内容结构之外，教师还应明确告知学生教学重点。例如在《孔乙己》的学习中，教师应指出：在小说中，作者往往通过讲故事、塑造人物形象来表现自己对社会的洞察和认识，因此通过梳理故事情节、分析人物形象来理解小说主题是读懂小说并学会阅读小说的关键所在。

三、通过学习任务引导学生"做中学"

　　双向并行教学取向主张将静态的学习内容转化为动态的学习任务，以学习任务引导学生经历、体验和建构。但设计学习任务时，往往存在以下问题：学习任务的设计和阅读教学目标的达成没有关联；在学生完成学习任务后，教师不评价反馈或仅仅"隔靴搔痒"式地谈感想，该阐释的内容没讲解清楚，该归纳的规律没引导学生建构、总结，等等。下例为高中必修上册第三单元第七课《归园田居(其一)》学习任务的设计。

《归园田居（其一）》学习任务设计

　　1. 以介绍诗人、知人论世导入。

　　2. 学习任务一：初读古诗，注意字音、节奏、停顿，初步体会作者情感。

3. 学习任务二：在研读课文《归园田居（其一）》之后，拓展阅读陶渊明的《归园田居（其二）》《归园田居（其三）》《归园田居（其四）》《归园田居（其五）》《归去来兮辞》《桃花源记》《饮酒》和刘禹锡的《陋室铭》。在此基础上，四人为一个小组合作，从陶渊明的诗歌探讨他决然归隐之原因。

4. 学习任务三：听读、跟读《归园田居（其一）》中间八句（方宅十余亩……鸡鸣桑树颠），思考作者为何花大量篇幅写这八句。

5. 学习任务四：谈一谈你如何看待陶渊明的辞官归隐。

在上述的教学设计中，教师共安排了四个学习任务，其中任务二、任务三是重点，即引导学生结合陶渊明的诗歌探讨他归隐田园之原因，任务四是对前两个任务的拓展和延伸。在拓展阅读陶渊明的《归园田居》其一、其二、其三、其四、其五，《归去来兮辞》《桃花源记》《饮酒》和刘禹锡的《陋室铭》这几首诗之后，学生分小组归纳出陶渊明归隐的原因：爱自由、不喜束缚；视农村为故土；无尘杂，有余闲；崇尚自然，顺从本心。且不说陶渊明归隐的原因是不是这几条，单是这几个学习任务的设计就因没有吃透课标、教材编写意图而偏离了"抓意象、感意境、品语言、知表达，逐步掌握古诗词鉴赏基本方法"这一单元学习目标要求。因教师精准阐释、归纳与评价的缺失，以上群文阅读教学变成了"一锅煮"，学生不但没有真正读懂《归园田居（其一）》，还导致了"蜻蜓点水，点而不深"的多文本浅层阅读。

这首诗歌所在单元属于必修课程"文学阅读与写作"学习任务群，是高中阶段隶属于该任务群的第二个单元。在必修上册第一单元中，学生掌握了抓住意象体会作者情感的方法，学会从语言、意象、情感、构思等不同角度欣赏诗歌。而本单元旨在追根溯源，引导学生从中国古代诗词作品中感受诗词意象、意境、意蕴之美，了解古代诗人不懈追求生命价值的承前启后过程。这个单元围绕"生命的诗意"这一主题精选了魏晋诗歌、唐代诗歌、宋词共三课八首诗歌。编排在本单元后面的学习任务实际上指明了该单元的四个学习目标：一是掌握知人论世、以意逆志等古典诗词的鉴赏方法；二是通过诵读鉴赏诗词意象、意境，理解其在情感表达和意蕴呈现等方面的作用，探究诗词的意蕴内涵；三是体会古典诗词常见的表现手法和语言特征，把握古典诗词形式变化及其对诗人情感表达的影响；四是学会评价古典诗词，联系既往文学作品的学习，尝试写作文学短评，进而梳理个人阅读经验，领悟创作、鉴赏规律，提高文学审美能力。学习任务就应紧扣这四个学习目标的达成而设计。

只有紧扣单元学习目标，结合文本特性设计学习任务，并针对学生在完成学习任务过程中的表现进行精准评价、讲解、归纳，教师才能真正引导学生在做中学好。如高中必修上册第七单元第十六课《赤壁赋》《登泰山记》的教学环节。

学习任务一：品山水之美——江舟凌秋月，旭日映雪山

如果让你从两篇课文中选择描写景物的句子来推荐赤壁或泰山，你会挑选哪些句子。为什么？

	赤壁	泰山
写景语句		
推荐理由		

1. 教师示例：

（1）"清风徐来，水波不兴。"借风来写水，徐徐的清风在水面激不起波纹。夜晚的赤壁是静谧的。

（2）"苍山负雪，明烛天南。"不言冰雪覆盖青山，却说青山背负冰雪，赋予苍山以生命，苍山有一种巨人般的神韵；落日照在雪山上，雪光反射照亮了南面的天空，写出了积雪的光彩。夕照下的泰山是气势雄浑的。

2. 学生先默读课文、填表，再讨论，教师随机评价点评。

学习任务二：析景中之情——水月情思起，雪中情韵藏

结合文本讨论、探究：在作者笔下，赤壁水月是静谧澄明、缥缈空灵的，泰山日出是雄伟绚丽、磅礴壮美的。面对如画江山，作者苏轼和姚鼐分别抒发了怎样的思想感情？

1. 析《赤壁赋》景中之情。

（1）讨论：一水一月皆世界。水、月如何影响苏子和客人的情绪？先从《赤壁赋》中找出最能体现苏子和客人情感变化的词语，再讨论明确。

预设：乐甚——愀然——喜而笑。

（2）讨论：客人之月与苏子之月，是否为同一轮月亮？讨论后明确。

预设：是同一轮月亮。"主客问答"是赋体文章的特色。《赤壁赋》中的主与客其实是苏轼内心两个自我的辩论，也是儒道思想的对话。主，是作为道者的苏轼，豁达自适、超然物外，有出世之心；客，是作为儒者的苏轼，虽悲观失意，但有建功立业、入世之志。

小结：水，容纳万物；月，明朗高洁。《赤壁赋》"以江山风月作骨"，融景、情、理于一体。在自然水月中，苏轼体悟到生命的短暂与永恒。赤壁的水与月，让苏子在被贬黄州的人生低谷期完成了一次从山水之间寻乐到回归当下之悲再到走出悲伤获得升华的自我救赎，在与自然的触碰中悟出生命真谛，实现了乐观豁达的精神突围。

2. 析《登泰山记》景中之情。

探究、讨论：《赤壁赋》"以江山风月作骨"，融景、情、理于一体，那么《登泰山记》也是这样写景的吗？默读后，谈谈你的感受和看法。

（1）以《登泰山记》中"雪"为突破口，找出文中描写"雪"的句子。

学生赏景、品情、悟怀。

学生回答，教师随机点评。

预设：

正面描写：乘风雪；苍山负雪；大风扬积雪击面；冰雪；雪与人膝齐。

侧面描写：道中迷雾冰滑；明烛天南；稍见云中白若樗蒱数十立者；绛皓驳色；无瀑水，无鸟兽音迹。

（2）任选你喜欢的细节，品味其特点，概括出泰山雪景"大印象"。（格式：含有雪字的四字短语后加"图"）

学生先思考，再交流讨论。教师随机评价并明确。

预设："乘雪赴山图"（乘雪跋涉图）；"苍山负雪图"（雪烛天南图）；"风雪击面图"（积雪击面图）；"群峰负雪图"（雪峰数立图）；"绛皓雪峰图"（雪峰若偻图）；"寒天厚雪图"（寒雪静穆图）。

（3）从概括出的泰山雪景"大印象"中，你体会出作者怎样的情志？

学生先思考，再交流讨论。教师随机点评。

预设："乘雪赴山图"——无畏；"苍山负雪图"——喜悦；"风雪击面图"——洒脱；"群峰负雪图"——热爱；"绛皓雪峰图"——热爱；"寒天厚雪图"——超然。

（4）从上述图景中，我们看到了一个怎样的姚鼐？从中获得了什么启示？

学生先思考，再交流讨论。教师随机点评。

学习任务三：求同存异——悟自然描写之真谛

1. 学生默读并思考，填写下表，并比较两篇课文描写自然的异同。

课文	景在文中的作用	情的表现形式	理在文中的呈现
《赤壁赋》	引	显	主
《登泰山记》	主	隐	无

2. 学生交流展示后，教师评价并小结。

预设：《赤壁赋》写景文字少，《登泰山记》写景文字多；《赤壁赋》中景、情、理交融，情感表达较为外显，《登泰山记》生动地写出了泰山雪后初晴的瑰丽景色和日出时的雄浑景象，情感比较隐晦。苏轼被贬黄州，夜游赤壁，把悲喜之情与超然物外的人生之理融入赤壁"水月"中，实现了乐观豁达的精神突围；姚鼐养亲辞官，登山临雪，把热爱自然、洒脱无畏之情融入苍山"风雪"中，实现了淡然自足的心灵安放。苏轼和姚鼐，一个在矛盾中走向欢喜旷达，一个在激荡中走向淡定从容。

小结：古往今来，描写自然往往有两种路径。一种是像《赤壁赋》一样，缘景生情，由景而发，情景交融，情感表达外显；另一种则像《登泰山记》一样，寓情于景，将情感抒发深藏在景物描写背后，笔调冷静客观，但通过行文的细节或景物的特征依然可以感受到作者之情。无论"显"或"隐"，这种景物描写都体现了情与景的交融、人与自然的共生。

四、在学生获得阅读经验后进行有效阐释

(一) 先体验再归纳小结

很多教师习惯于先介绍阅读策略，再要求学生应用该策略阅读文本，以此印证该阅读策略的有效性。众所周知，语法规则是从大量具体语言现象中归纳、概括出来的。如果不熟悉具体语言现象，即使教师阐释得再好，学生也未必能真正理解，更谈不上实际运用。因此，我们可以引导学生先用某种策略读懂文本后再归纳、小结该阅读策略，这种做法不仅将有用的阅读策略教给了学生，而且也传递了这样的观点，即策略使用在生活和学习中可以让我们事半功倍。如教师可先向学生呈现以下语言材料：

词（短语）：科技；一把双刃剑。——概念

单句：科技是一把双刃剑。——判断

复句（句群）：科技是一把双刃剑，用得好可造福人类，用得不好也可给我们带来灾难，所以我们应正确使用它。——推理

在读懂这些语言材料的基础上，教师再向学生阐明语言使用规则："科技""一把双刃剑"是两个概念。这两个概念用"是"连接起来后，成了一个表判断的单句。在这个单句后加上几句与科技使用相关的话，这个单句就变

成了一个复句。由此可知，语言是思维的物质外壳。概念、判断、推理与汉语中的词（短语）、单句、复句（句群）这些语言单位基本上是对应的。

（二）解释知识来源，促进有效学习

崔允漷教授曾指出：通过解释"知识从何而来"这一背景知识，可以让学习有趣、有效。在课堂教学中，对文本蕴含的本质特征及语言学习规律进行准确解释并不是一件容易的事。有些教师提供的解释要么无益于概念本质特征的掌握，没讲清"是什么""从哪里来"；要么偏于静态知识的陈述，无助于解决问题关键能力的获得。下面以《故乡》为例，列出了阅读小说的两种方式（见表1–4）。

表1–4　阅读小说的两种方式

第一种方式	第二种方式
小说是以刻画人物形象为中心，通过完整的故事情节和环境描写来反映社会生活的文学体裁。人物、情节、环境是小说的三个要素。情节一般包括开端、发展、高潮、结局四个部分，有的还包括序幕、尾声。环境包括自然环境和社会环境。阅读小说必须抓住小说三要素。	"引发小说家写作欲望的是他从许多事物中看出来的，和一般人生有重大关系的一点意义。因不愿意把这一点意义写成一篇论文，于是他创造一些能蕴含这点意义的人、事、物，并以记事写人的形式表达，让读者自己去辨知它。"因此，读小说应通过作者所叙的事、所记的人来理解寄寓其中的意义（即主题）。小说对人物性格的刻画往往直接提示主题，而一个人的性格往往要通过事才能看出。故通过故事情节的梳理了解主人公的性格特征是阅读小说的主要策略。环境往往对小说的主人公起着衬托、强化作用，故读小说时也须注意环境描写的作用。

对小说阅读策略的这两种解释方式进行比较，我们可以发现：第二种方式在阐述小说从哪里来的基础上既揭示了小说阅读三要素之间的内在关联，又引导学生在了解小说文体特征的基础上掌握小说的阅读策略。

（三）阐释能迁移运用的概念和原理

超越具体的事实和技能，强调概念和原理，这种阐释将有助于学生将所学的知识与能力迁移运用到其他情境中。如教师在教学中经常引导学生通过分析人物描写来把握人物性格特征，但学生往往不明白描写到底有什么作用，也不理解为何要花这么多时间和精力学习描写。教师联系生活进行阐释，将有助于学生理解描写的作用并在自己的表达中运用描写。

在日常生活中，当我们把某事、某人告诉他人时会有详略的不同，以及生动、呆板的差异。当你告诉别人"我认识了李四，他是初一·12班的"，这是记叙，但显然很简略、呆板。如果我们把认识他时的神态、言行都一一告诉大家，让他人身临其境，仿佛看到了这个人似的，这就详密、生动、传神得多。为区别于简略、轮廓式的记叙，我们把这种详密、生动的记叙特称为描写。

在写作中，描写实际上是"记叙的精深一步且不惮繁复渲染的工夫"。描写的目的在于使人或事或物逼真、生动、传神。根据描写对象的不同，描写可分为景物描写、人物描写等。人物描写又可分为内在、外在两个方面：外在描写指对人的外貌、服装、表情、动作、言语等进行描写；而内在描写就是心理描写。

又如八年级下册第一单元围绕"民俗"这一人文主题选编了小说、现代诗歌、散文，并将"体会作者如何根据需要综合运用多种表达方式"设定为本单元能力培养重点。在引导学生感知文本中各种表达方式的具体运用及多种表达方式综合运用的效果后，教师应针对"表达方式选取之参照因素"这一本质性问题进行有效解释。

任何文本包括文体、表达、语言三大因素。写作时，作者只有先确定文体，才能依体选用相应的语言和表达方式。表达方式是"作者运用语言文字表达思想内容的基本手段，它是由作者写作目的决定的"。表达方式一般分为叙述、描写、说明、议论、抒情五种。表达方式的选用取决于其作用、功能及作者的写作意图。一般来说，叙述的基本功能是"以事告人"；描写的基本功能是"以形示人"；说明的基本功能是把相关的知识、方法、技巧、规定、要求等传授或告诉读者；议论的基本功能是"以理服人"；抒情是表现和抒发作者或作品中人物的主观情感。

（四）讲解要富有表达力

研究表明，学生从充满激情、富有表达力的讲解中学到的东西要比从枯燥的讲授中学到的更多。因此，在确定好阐释的内容后，语文教师应避免平铺直叙和干瘪的讲解，需适当运用幽默等方式来活跃课堂气氛。

第二章

语文阅读教学的基本技能

　　语文教师阅读教学的基本技能，指的是教师在进行教学时必须具备的基础的、常用的教学技能。其含义，可以从三个方面去理解。第一，它们是中学语文阅读教学中层次比较高的教学技能。第二，它们是要求在细节上做得比较精准的技能。第三，它们是在课程改革背景下需要更多地进行创新的教学技能。从职业的角度来看，它们是语文教师教学生涯中赖以生存的技能。本章阐释了九个方面的基本技能：课型设计技能、能力训练技能、语言教学技能、活动组织技能、手法运用技能、朗读教学技能、学法指导技能、教案撰写技能、语言表达技能。即使每天几乎都要用到这些技能，也还有不少语文教师不能很好地运用。因此，知道什么是阅读教学的基本技能，学好、练好阅读教学的基本技能，对于提高教师的教学技艺，进行规范的课堂教学操作，都有非常重要的意义。

第一节　课型设计技能

阅读教学的课型设计，是语文教师应该掌握的重要的教学技能之一。课型，是教师天天需要面对而实际上仍然感觉陌生的概念。因为，大多数语文教师在教学设计中几乎从不考虑它。

日常阅读教学中几乎千篇一律的都是教读课，连自读课型都很少出现。课型的研究、实践与发展是与时俱进的。不同的时代有着不同的主流课型，不同的纲领性文件指导下会产生不同的新鲜课型，不同的教学流派有着各自的代表性课型，不同的课题研究在教学上也表现为不同的课型载体。

课型设计研究有两个基本内容：一是规范课的形态，即课型设计要得体，文学作品的教学课型与一般说明文的教学课型应该有明显的区别；二是丰富课的种类，即课型设计要适应时代的进步，要创造全新的课型。

课改背景下的语文教学理念、教学要求、教学内容已经发生了深刻的变化。我们需要在词句理解、文意把握、要点概括、内容探究、作品感受等方面训练学生的思考与能力；在自主、合作、探究、创造等方面教给学生方法和技能；培养学生多角度、有创意地阅读的思维与方法；引导学生从阅读中获得对自然、社会、人生的有益启示；引导学生深化自己的情感体验；对学生进行人文熏陶，提高学生的文化品位和审美情趣等等。

部分语文教师课型运用的能力远远不能适应教材改革的要求。统编教材新的教材体系需要我们努力进行一些课型的思考与实践。

1. 整体教读课型。这种课型的作用，是高效地、科学地进行单篇课文的整体阅读教学，在"教读"中训练学生。

2. 自读实践课型。这是以学生的自读活动为主的课型。在这种课型中，教师占有少量的活动时间，但承担着重要的指导任务。

3. 学法指导课型。重点用于对学生良好的阅读方法和科学的阅读技能的培养。其课型任务是进行阅读技能训练和学习方法的指导。

4. 语言学用课型。这种课型可以细化为语言品读课、读写结合课和智能练习课等课型。

5. 文学欣赏课型。用于文学作品的赏析教学。它讲求突出文体色彩，要求有比较高明的教学手段，要求在语言品味、形象感染、手法欣赏、情感熏陶等方面下功夫。

6. 语文活动课型。这种课型将语文能力的培养融于生动活泼的课堂活动，包括"综合性学习"活动中将学生的兴趣爱好引入语文学习的广阔视野。

7. 自主阅读课型。用于统编教材中的"活动·探究"单元，学生几乎都在教师的指导和单元活动的要求下进行自读与自写的实践。

8. 思维训练课型。这是培养学生思维能力的课型。在这种课型中，教师要指导学生运用比较、分析、归纳等方法，发展他们的观察、记忆、思考、联想和想象能力。

还有朗读训练课、专题研讨课、探究性学习课、名著阅读指导课、课外阅读指导课、高中语文选修课等。如此，阅读教学的课型设计就走进了语文教师的课堂。下面我们来欣赏传统课文《七根火柴》"文学欣赏课型"的教学设计。

《七根火柴》教学设计

主要教学内容为：

1. 请同学们从课文中找出例子，说明环境描写的表达作用。

学生找出课文中对草地、恶劣天气的描写文字并进行讨论：茫茫的草地，恶劣的天气，阴冷的环境，可怕的黑夜，无路的征途，难耐的饥饿，无名战士就是在这样的环境里出场的。奄奄一息的他，与其说是熬过了风、雨、雷、电交加的夜晚，不如说是为了要把这七根火柴献给战友们才坚强地活下来的。作者精心设置了主人公活动的环境，有效地推动了故事情节的发展，有力地表现了主人公的意志和品质。

2. 请同学们从课文中找出例子，说明外貌描写的表达作用。

学生找出例子，在讨论中理解无名战士是在雨中淋着的，是倚着树杈半躺着的，是濒临死亡的，已经没有了活下去的可能。此时的他不需要食物上的救助，也不需要行动上的搀扶，他要的是把生的希望留给战友。可以想象，他是怎样顽强地挨过了那漫长而寒冷的风雨交加之夜。

3. 请同学们从课文中找出例子，说明语言描写的目的和效果。

学生读课文，举例子，分析人物性格。无名战士的语言，表现了他处境的艰难、生命的垂危，但同时又表现了他的眷恋、他的情感。他数火柴的声音虽然很小，但是让人感到无比深沉。他牺牲前的反复嘱托，真可谓语重心长，最后一句话虽是断断续续，没有说完，但表明了他对革命事业的忠诚和对战友的牵挂。

4. 教师讲析，小结文学作品中人物的欣赏角度与方法，组织课外短文阅读实践。

这个课的教学内容的设计十分得体，是小说作品阅读

欣赏教学的一个蓝本。这个课的课型设计相当精彩、精致。

第一，它的设计是有课程标准依据的。《义务教育语文课程标准（2011年版）》指出了七至九年级的阅读教学应达到的目标："欣赏文学作品，有自己的情感体验，初步领悟作品的内涵，从中获得对自然、社会、人生的有益启示。对作品的思想感情倾向，能联系文化背景做出自己的评价；对作品中感人的情境和形象，能说出自己的体验；品味作品中富于表现力的语言。"所以，这种文学欣赏课的主要教学目的就是提高学生的欣赏品位和审美情趣。

第二，它有着鲜明的个性特色，突出文学欣赏教育，有比较高雅的教学手段，注重突显作品的立意之美与表达艺术之美，表现出强烈的审美意识和情感熏陶意识。从教学过程来看，它提炼准确，层次明晰，设问精到，学生的活动充实丰富，整节课既点示出文学作品的欣赏角度与基本方法，又让学生在文学作品的理解、鉴赏中受到高尚情操与趣味的熏陶，获得思想启迪，享受审美乐趣，丰富精神世界。

从课文处理的角度来看，这个课型可称为"整体教读课型"；从提问设计的角度来看，还可称为"无提问式课型"。板块式思路与主问题设计在教学中得到了切实的运用。

这样的课型设计，摈弃了通常的讲读课、讲析课、串讲课、答问课，让学生在主动积极的语言、思维和情感活动中，加深理解和体验，有所感悟和思考，表现出得体、得法的设计特点。

第二节　能力训练技能

在阅读教学中要对学生进行能力训练，这是每一位语文教师都知晓的事情，但在日常教学中，"教课文"几乎成了主导倾向。我们习惯于教课文、讲课文而不习惯于在教学中关注对学生终身受用的阅读能力的训练。

每位教师都会为备课而阅读教材，但又基本上不会分析与提炼课文的能力训练点，这可能是语文教师研读课文的主要弱点。如果注重用课文教，那么在研读课文时一定要注意提取所教课文中的知识点和能力点，如此才能真正做到"利用课文增加学生知识，利用课文训练学生能力"，也才能从更深、更细的层面来阅读分析课文。

下面是《赫耳墨斯和雕像者》的阅读能力训练点的分析。如果能有序地组合其中的几个点，它们就是课堂教学中的一组主问题，就能形成一节让学生活动充分、能力训练到位的好课。

1. 课文第一部分的层次划分；
2. 重新拟一个课文标题；

3. 概说故事内容；

4. 梳理、归纳故事的情节脉络；

5. 概括文章主旨；

6. 用成语评价人物形象；

7. 提取能够表现课文信息的关键词语；

8. 用朗读表达作品的意味；

9. 想象、续写故事情节的进一步发展；

10. 体味课文的表现手法；

11. 语言赏析，特别是对"笑"字的品析；

12. 对文中"三问三答"的表达作用的赏析；

13. 扩写这则寓言故事；

14. 品析故事中的"小说味"；

15. 对课文更深寓意的品析。

语文教师的能力训练技能，首先表现在对课程标准规定的有关学生能力训练内容的把握和执行。

对学生的能力训练，最重要的有十点：朗读课文、理清思路、文意把握、要点概括、内容探究、手法品味、词句品析、局部精读、阐释表达效果、初步鉴赏文学作品。

语文教师的能力训练技能，其次表现在能够提炼通用的能力并对学生进行通用的能力训练。所谓通用的能力，指的是应对文体阅读或考察时需要的基本能力。

1. 基础的阅读能力。如朗读吟诵、辨识文体、解说结构、分层划段、概说文意、概括段意、分析情节、品词论句等，都属于基础的能力。基础能力的训练能让学生一生受用，阅读教学中必须关照这个能力的培养。

2. 实用文体的阅读能力。记叙文、说明文、议论文、传记、随笔、杂文、序言、书信、演讲稿等，这些文体都属于实用文体。要关注学生实用文体阅读能力的训练，怎样阅读记叙文，如何阅读说明文，怎样阅读议论文，都要有符合其文体特点的教学实践方式。

3. 文学作品的阅读能力。对诗歌、小说、散文、戏剧等作品的文学欣赏能力是高层次的阅读能力，即对作品的思想感情倾向，能联系文化背景做出自己的评价；对作品中感人的情境和形象，能说出自己的体会；能品味作品中富于表现力的语言。细化一点说，还有对文章的各种表达手法与写作技巧的辨识、理解、分析、欣赏等。

4. 文言诗文的阅读能力。文言诗文首要的教学要求就是落实字词，并特别注重对学生朗读、品析、阐释与作品欣赏的能力训练。

5. 实践学习方法的能力、一定的思维能力的训练，也是对学生较高层次的能力训练。对通用的能力的分析与提炼，能令我们在阅读教学的过程中做到心中有数，有的放矢，突显重点，不偏不倚。

语文教师的能力训练技能，还表现在对文体教学中的阅读能力训练内容的研究。如小说阅读训练能力点提炼基本能力点有辨识小说的要素；分析文章的层次或概括选文的思路；分析或者概括故事情节；分析或者概括人物形象；在具体的语言环境中理解词义；在具体的语境中理解句义；品味句段中的修辞手法及其作用；概括段意或者事件；概括文章的思想内容及主旨等。高层能力训练点有文章线索的分析；故事片段的欣赏阅读；环境描写的分析理解；人物心理描写的分析与欣赏；各类描写方法和描写内容的品评；文中佳词美句的品味；表达方式、表现手法和表达效果的赏析；运用学习过的文学知识如伏笔、照应、悬念、正面描写、侧面烘托对指定的内容进行欣赏，等等。

如果大部分语文教师都能对学生的阅读能力训练点了然于胸，能在课文教学中进行、突显对学生的能力训练，就达到了我们孜孜以求的高效阅读训练的境界。

第三节　语言教学技能

语言教学，是中学语文教学研究中最为基础的课题，是语文日常教学中的重头戏。语言教学的技能，是语文教师最基本的教学技能。《义务教育语文课程标准（2011年版）》极为强调语言教学的问题课程标准中"语言"一词出现了近50次，"语感"一词出现了8次，"积累"一词出现了近20次。

"语文教学要注重语言的积累、感悟和运用"，是课程标准中关于语言教学的重要要求之一。此外，课程标准还要求体味和推敲重要词句在语言环境中的意义和作用、品味作品中富于表现力的语言、提高欣赏品位和审美情趣等，可谓反复强调，唯恐教师掉以轻心。语言教学，从阅读教学的角度讲，指的是对学生进行语言训练的教学，即字、词、句、段、篇以及听、说、读、写、思训练中的语言感受、语言积累、语言学用、语言品析与鉴赏。

语言教学几乎存在于每一篇课文和每一节语文课中。对学生进行语言教学，是技能的培养，也是人文的熏陶。

语言教学是课文阅读教学最基本、最重要的内容。其教学研究的内容丰富多彩。有关字词句篇、听说读写的每一项内容都大有文章可做。从学习语言的一般过程来讲，认知、感受、理解、积累、运用、品析、赏鉴、创造这一系列的环节中，每个环节都包含着对教学内容、教学方法、教学艺术手法的研究。

语言教学的核心与灵魂，是语言积累教学。中学语言积累教学研究，应该是语文教学研究中最为基础的课题。

所谓语言积累教学，可以从两个方面来看：第一，在语文的读写教学中让学生习得更多、更美的语言，如认识更多的字、记下更多的词，更重要的是成块成段成篇的语言材料的读背识记，它们是语言运用的坚实基础；第二，在学生习得语言的同时，教会学生积累语言的方法，让他们学会品味、揣摩、感悟语言和欣赏优美、精彩的语言。

语言积累教学的精华内容应是雅词、佳句、精段、美文以及综合性的精美的语言表达模式。为此，教师还要善于从语言的角度对每一篇课文进行分析，分析课文的句式、段式、篇式，分析课文中语言组合的特点，分析课文语言在叙述、描写、说明、议论、抒情中传情达意的技巧。这种分析，就教师而言，进行得越周全越好，进行得越深刻越好，进行得越透彻越好。

教师语言教学技能的主要表现之一，是能够对教材和课文进行语言分析与研究，即从语言的角度对课文进行梳理、提取、分类、品味、欣赏，从语言的角度利用课文进行教学。

如下面对《在马克思墓前的讲话》语言表达艺术的分析，本身就已经是一个教学方案的雏形。

深沉的哀痛：3月14日下午两点三刻，当代最伟大的思想家停止思想了。让他一个人留在房里还不到两分钟，当我们进去的时候，便发现他在安乐椅上安静地睡着了，但已经永远地睡着了。

深情的评价：这个人的逝世，对于欧美战斗的无产阶级，对于历史科学，都是不可估量的损失。这位巨人逝世以后所形成的空白，不久就会使人感觉到。

深透的评述：马克思在他所研究的每一个领域，都有独到的发现，这样的领域是很多的，而且其中任何一个领域他都不是浅尝辄止。

深挚的评议：正是他第一次使现代无产阶级意识到自身的地位和需要，意识到自身解放的条件。斗争是他的生命要素。很少有人像他那样满腔热情、坚韧不拔和卓有成效地进行斗争。

深切的悼念：现在他逝世了，在整个欧洲和美洲，从西伯利亚矿井到加利福尼亚，千百万革命战友无不对他表示尊敬、爱戴和悼念，而我敢大胆地说，他可能有过许多敌人，但未必有一个私敌。

　　教师语言教学技能的主要表现之二，是对语言教学形式、语言教学活动、语言教学手法的设计。

　　从日常教学看，语言教学最基础、最朴实的方法是诵读记背，最自然、最常用的方法是读写结合。语言教学的创新设计，可以以"读写结合"为最佳切入口。诸如成语接龙、美句摘抄、提纲罗列、画面描述、课文集美、人物素描、段式学用、补说续写、用词写话、古诗改写、信息提取、作品评论、活动记录等，都是常用的好方法。关于语言教学的设计，可以通过如下的操作角度表现出来。

一、语言积累训练

　　这种创意着眼于语言的积累，着眼于识记，着眼于理解。如《〈论语〉12则》第四个教学板块：积累课文语言。教师下发印有"分类式整理练习"的白纸，学生分类整理课堂笔记。

　　在"成语"类记下：

　　不亦乐乎　三省吾身　三十而立　从心所欲　温故知新　疏食饮水　择善而从　三人行必有我师　不舍昼夜　逝者如斯　匹夫不可夺志

　　在"名言警句"类记下如下句子。

　　1. 激励志向。

子曰："三军可夺帅也，匹夫不可夺志也。"

2. 陶冶情操。

曾子曰："吾日三省吾身：为人谋而不忠乎？与朋友交而不信乎？传不习乎？"

子曰："学而时习之，不亦说乎？有朋自远方来，不亦乐乎？人不知而不愠，不亦君子乎？"

3. 启迪智慧。

子曰："三人行，必有我师焉。择其善者而从之，其不善者而改之。"

子在川上曰："逝者如斯夫，不舍昼夜。"

4. 积累语言。

子曰："温故而知新，可以为师矣。"

子曰："学而不思则罔，思而不学则殆。"

子曰："知之者不如好之者，好之者不如乐之者。"

下课之前，同桌互相交换、检查课堂学习笔记。

二、语言品读训练

这种教学创意的教学视点放在语言的品读与分析上，在理解的基础上引导学生学会说、阐释、描述等品味语言的方法。

请看《紫藤萝瀑布》的最后一个板块的教学设计。

1. 教师：设计了一道题："这是一树_____的紫藤萝。"就《紫藤萝瀑布》而言，为了表达花开得盛，作者用"辉煌"一词，来形容她面前的"一片淡紫色"。什么叫"辉煌"，它一般用来形容什么？一树淡紫色紫藤花再茂密，至于用上"辉煌"一词吗？但作者就这么用了，不但表现出花开得灿烂，而且写出了内心的震惊和惊喜："原来，我并不知道紫藤萝能开到这个份上！"

2. 学生进行准备，小组交流，课堂发言。

品读从整体到局部再到每一朵紫色花盏的浓墨重彩；

品读从光到色、到态、再到味全方位摇曳生姿；

感受到一个心灵重负的人，见到一树紫藤，就能获得如此由衷的惊喜与释放；

相信一株植物有那么大的催进力，能带走一个压抑的人内心长久的郁积，并且扬起理想的风帆。

3. 教师小结：让学生品读表现藤萝生机盎然的句子，说说这个定语体现在文本的何处，这就让语言的品读进入了一个轨道，一个如何调集语言写足写活事物蓬勃旺盛特征的鉴赏轨道。同时还将语言的品读和对作者情怀的体会有机地结合起来，与文章主旨的探究有机地结合起来。

三、语言欣赏训练

语言欣赏教学关注的是对语言的品评欣赏，欣赏语言运用的准确、得体，欣赏语言运用的恰切、精美，欣赏语言运用的手法、技巧。

如《荷叶·母亲》的一个环节：品一品课文最后一段话的美妙。

母亲啊！你是荷叶，我是红莲。心中的雨点来了，除了你，谁是我在无遮拦天空下的荫蔽？

学生欣赏，品出了这个结尾段的六美。

修辞之美

句式之美

抒情之美

点题之美

升华之美

虚实之美

这是很有文学意味的欣赏。

四、语言学用训练

这种教学创意着眼于语言的学习与运用，而且更多的是学习课文的语言，学用课文中的语言表达形式与模式。

如《苏州园林》的最后一个教学环节：学用侧面映衬的手法写说明的文字。

1. 教师出示《苏州园林》的一个段落。

"苏州园林里的门和窗，图案设计和雕镂琢磨功夫都是工艺美术的上品。大致说来，那些门和窗尽量工细而决不庸俗，即使简朴而别具匠心。四扇，八扇，十二扇，综合起来看，谁都要赞叹这是高度的图案美。摄影家挺喜欢这些门和窗，他们斟酌着光和影，摄成称心满意的照片。"

2. 教师再出示《桥之美》的一个段落。

"广西、云南、贵州等省山区往往碰到风雨桥，桥面上盖成遮雨的廊和亭，那是古代山水画中点缀人物的理想位置。因桥下多半是急流，人们到此总要驻足欣赏飞瀑流泉，画家和摄影师们必然要在此展开一番搏斗。"

3. 请学生分析这两个段落在结构上的相同之处。

4. 教师讲析：说明文的表达有时也可以运用侧面映衬的方法，先生动地说明、描述景物，然后再用人们的喜爱、赞赏去映衬景物的美好。又如《中国石拱桥》中的一段话：

"全桥结构匀称，和四周景色配合得十分和谐；桥上的石栏石板也雕刻得古朴美观。唐朝的张鷟说，远望这座桥就像'初月出云，长虹饮涧'。"

5. 请学生学用这种"正面说明+侧面映衬"的结构形式，自选内容，写一个片段。

又如美文《乡下人家》中的"段式学用"。

乡下人家

乡下人家，虽然住着小小的房屋，但总爱在屋前搭一瓜架，或种南瓜，或种丝瓜，让那些瓜藤攀上棚架，爬上屋檐。当花儿落了的时候，藤上便结出了青的、红的瓜。（第一层：描写概况）它们一个个挂在房前，衬着那长长的藤，绿绿的叶。青、红的瓜，碧绿的藤和叶，构成了一道别有风趣的装饰，比那高楼门前蹲着一对石狮子或是竖着两根大旗杆，可爱多了。（第二层：描述美感）

有些人家，还在门前的场地上种几株花，芍药、凤仙、鸡冠花、大理菊，它们依着时令，顺序开放，朴素中带着几分华丽，显出一派独特的农家风光。（第一层：写"有些人家"）还有些人家，在屋后种几十枝竹，绿的叶，青的竿，投下一片绿绿的浓阴。几场春雨过后，到那里走走，常常会看见许多鲜嫩的笋，成群地从土里探出头来。（第二层：写"还有些人家"）

鸡，乡下人家照例总要养几只的。（第一层：概写）从他们的房前屋后走过，肯定会瞧见一只母鸡，率领一群小鸡，在竹林中觅食；或是瞧见耸着尾巴的雄鸡，在场地上大踏步地走来走去。（第二层：细写）

他们的屋后倘若有一条小河，那么在石桥旁边，在绿树荫下，会见到一群鸭子，游戏水中，不时地把头扎到水下去觅食。（第一层：写一般状况）即使附近的石头上有妇女在捣衣，它们也从不吃惊。（第二层：写特别情况）

若是在夏天的傍晚出去散步，常常会瞧见乡下人家吃晚饭的情景。他们把桌椅饭菜搬到门前，天高地阔地吃起来。（第一层：场景描写）天边的红霞，向晚的微风，头上飞过的归巢的鸟儿，都是他们的好友，它们和乡下人家一起，绘成了一幅自然、和谐的田园风景画。（第二层：环境描写）

秋天到了，纺织娘寄住在他们屋前的瓜架上。月明人静的夜里，它们便唱起歌来："织，织，织，织呀！织，织，织，织呀！"（第一层：写情境）那歌声真好听，赛过催眠曲，让那些辛苦一天的人们，甜甜蜜蜜地进入梦乡。（第二层：写意境）

乡下人家，不论什么时候，不论什么季节，都有一道独特、迷人的风景。

这篇文章共7个自然段，呈分总式结构。

其语言表达的特异之处是，分说的6个自然段（第1—6自然段），竟然全都是"两层式"的结构，且写法各异，角度丰富，组合精巧，给人美不胜收的感觉。无论取哪一段，都是语言表达形式的训练蓝本。

第四节　活动组织技能

　　这里的"活动"二字，指的是学生在语文课堂上所进行的各种实践活动。现在，在谈论课堂教学改革的时候，如果不谈及学生语文实践活动的设计与创新，那就少了很多分量。一位语文教师，如果还对"学生活动"四个字茫然无知，那就很有点桃源中人问今是何世的味道。

　　活动的设计、组织与开展，是当今语文教师从事教学的重要技能。让学生在大量、广泛的语文实践活动中逐步掌握、运用语文的规律，是课程标准的核心理念之一。它点示出来的是语文教学改革本质性的特点，是大方向。据此，在课堂教学方面，从理念到手法，从教案的整体设计到细节的精心安排，从课堂上师生之间的关系到课堂教学结构，都必须并且应该发生根本性的变化，组织与开展属于学生的大量语文实践活动，这就是所谓"学生活动充分"。学生活动充分，指的是在教师的指导下，学生在充分占有时间的前提下进行的学习语言、习得技巧、发展能力、训练思维的学习实践活动。学生活动充分，是语文课堂教学的高层次境界。这种境界能够表现出教师教学理念的时尚，同时又需要教师适应新的教学形式来形成熟练的教学技艺。设计与组织语文课堂学习实践活动，要注意两个关键词：种类、层次。

学生实践活动的种类要多。要让学生在不同的实践活动中学到不同的知识，形成不同的能力。如活动时间较长的、层次清晰的朗读活动，独立进行的积累资料、处理信息的阅读分析活动，思考比较充分、阅读比较深入的品析活动，目标较为明确、话题比较集中的课堂交流活动，用成块的时间来进行想象、探究或创造的活动，以及学生独立进行的长时间的读写活动等，都是可以合理地设计与组织的。学生实践活动的层次要高。例如，学习资料的收集、整理与分析，课与课之间的多角度比读，长篇课文的信息提取，课文阅读中的话题论证，课文学习中的美点欣赏，从课文中学作文，文体写作规律的发现与提炼等，都是具有一定能力层次与思维层次的实践活动。需要指出的是，目前，实践活动层次不高是教学中的普遍现象。为数不少的阅读课中，学生的活动基本上只是"找"：找到与教师提问有关的内容并将它们表述出来。类似这样的活动，因为没有多少思考的成分、欣赏的成分和探究的成分，学生阅读分析能力和思维能力的训练就显得浅易，欠缺应有的深度与力度。

设计与组织语文课堂学习实践活动，还要注意两个关键词：形式、创意。即课堂活动的形式要丰富，要实在，要有训练的力度；课堂活动的创意要生动，要新颖，要有精致的角度。

请看下面的设计示例。

1. 分层推进式朗读活动。

一般的课堂朗读是齐声朗读、个别朗读、角色朗读等，教师指导的层面主要是让学生出声，很少关注对文本的反复体味，而下面冰心《纸船——寄母亲》这篇课文的朗读活动设计就不一样。

（1）请同学们用温婉的调子朗读这首诗。

（2）请同学们带着水一样的柔情朗读。

（3）请大家带着金子般的童心读出作者对母亲的思念之情。

这是一个很细节化的、立意很高的朗读活动设计，它不只是有序地推进，也不仅仅是欣赏角度的变化，更重要的是从第一步起就切入冰心作品的艺术风格之中，将学生引入优美动人的情境中。

2. 课文演讲式说读活动。

说读——读课文加上说课文，由学生自己在说说读读中理解课文内容，让学生就课文内容进行各种说话活动，如复述、概括、叙述、评点、演讲、想象等。说读是最能让课堂教学生动起来的一种教学活动。如《创造宣言》的说话教学。

在"语言学用、思维训练"的实践活动中，教师出示课文片段。

"有人说：山穷水尽，走投无路，陷入绝境，等死而已，不能创造。但是遭遇八十一难之玄奘，毕竟取得佛经；粮水断绝、众叛亲离之哥伦布，毕竟发现了美洲；冻饿病三重压迫下之莫扎尔特，毕竟写出了《安魂曲》。绝望是懦夫的幻想。歌德说：'没有勇气一切都完。'是的，生路是要勇气探出来、走出来、造出来的。"

请同学们反复朗读，品析这个语言片段，学用其表达形式进行构思。

这也是一个高屋建瓴的细节设计，首先有品析的训练、有发现的训练，其次还要调动积累形成学生自己要说的内容，活动的要求既宽松又严格，有着实实在在的训练力度。

3. 角度丰富的写读活动。

写读，读读写写，写写读读，有读有写，读写结合。其形式丰富多彩，如用词写话、美句学写、段式仿写、篇式摹写、生动译写、想象扩写、片段点评、诗联欣赏、课文概述、诗意的概括、艺术性改写等。

下面是对课文《叶圣陶先生二三事》的读写活动设计。

写作活动的目的：略读课文，从文中提取评价性语句，概说叶圣陶。

请同学们将课文中美句集为微型短文并深情诵读。

在这样的活动中，学生既受到扎实有效的训练，又有丰富的积累收获。

4. 微型话题式品读活动。

微型话题，是教师研读课文之后提炼出来的引领学生自主地合作进行课文研读的小小话题；每一个话题都是一个抓手，都能让学生深深地进入文本，都要求学生在理解课文的基础上进行创造性的再表达。

如统编教材自读课文《蝉》的课堂微型话题设计。

活动一：自由写作。

思考方向：蝉的神奇。

微型话题：神奇的隧道，神奇的汁液，神奇的工具，神奇的脱壳，神奇的产卵，神奇的线，神奇的隐藏，神奇的历险……

学生写作、交流。

教师顺势小结全文基本内容。

活动二：自由品析。

任务：自选一个自然段或一个部分写赏析文字。

微型话题：有的段，从文趣的角度；有的段，从情趣的角度；有的段，从理趣的角度。

学生品析、发言。

教师小结，点示文中的手法与情感渗透的方法。

由这些话题，我们可以想到课堂阅读活动的精细深刻与生动深入。

5. 妙点揣摩式欣赏活动。

妙点揣摩就是引导学生对课文进行美点寻踪，进行妙要列举。有时候，这种实践活动是完全自由的，学生可以从自己喜欢的角度发表见解。有时候，这种实践活动有精确的要求，在这种要求下，活动的成果会显得特别精致。

如《松鼠》的教学片段：品析课文第二段的语言表达之美。

描述美：松鼠跑跳轻快极了，总是小跳着前进，有时也连蹦带跳。

修饰美：非常敏捷，非常机警；玲珑的小面孔，帽缨形的美丽的尾巴；格外漂亮；尾巴老是翘起来。

修辞美：它们面容清秀，眼睛闪闪有光，身体矫健，四肢轻快，非常敏捷，非常机警。

句式美：玲珑的小面孔，衬上一条帽缨形的美丽的尾巴，显得格外漂亮。

情感美：它们面容清秀，眼睛闪闪有光，身体矫健，四肢轻快，非常敏捷，非常机警。玲珑的小面孔，衬上一条帽缨形的美丽的尾巴，显得格外漂亮；尾巴老是翘起来，一直翘到头上，身子就躲在尾巴底下歇凉。

一个"美"字，贯穿文章细部的语言欣赏过程，像一条线索串起了闪光的珍珠。

学生课堂活动的设计与进行，需要着眼于能力训练，需要教师舍得给学生时间，需要教师在与学生的对话交流中提升、优化学生的看法。没有这三个"需要"，活动的质量会大打折扣。

6. 拓展迁移式创编活动。

拓展迁移式创编活动是从课文出发，依托课文设计生动活泼的读写训练，将学生的课文学习引向更为深刻、更为广阔、更为自主的境界。

如《精神的三间小屋》的课堂创编活动设计。

请从下面句子中任选一句，接着写下去，写一则两三百字的微型演讲稿。

1. 人的肢体活动，需要空间。人的心灵活动，也需要空间。那容心之所，该有怎样的面积和布置？

2. 有一颗大心，才盛得下喜怒，输得出力量。

3. 无论一生遭受多少困厄欺诈，请依然相信人类的光明大于暗影。

4. 我们的事业，是我们的田野。我们背负着它，播种着，耕耘着，收获着，欣喜地走向生命的远方。

5. 建立精神的栖息地，是智慧生灵的义务，每人都有如此的权利。

第五节　手法运用技能

手法运用，是指教师在教学中对教学手法的运用。日常教学中，不少教师不讲究教学手法的运用，课堂教学粗糙、直露、单调。课改中有些偏离理性的所谓教学模式，过分强调学生合作学习的作用，淡化教师的作用，甚至限制教师的课堂教学时间，在这样的课堂上几乎没有手法运用的可能。没有了教学手法的运用，课堂教学不再美好。对于师生而言，这是一种悲哀。应该说，语文教师要十分讲求教学手法的运用，在教学的细节上，一招一式，都要表现出自己是有素养的教师。根据习惯表述，可以认为，教学手法一般指教师在教学中所使用的手段、方法和技巧。

一、教学手法的常用形式

教学手法的内涵非常丰富，仅从比较开放的教学手法看，就有如下常用的十几种形式。

1. 话题手法。用设置若干话题的方式引导学生进入文本，探究内容，表达感受。

2. 朗读手法。让所有的学生都在课堂上参与认知文字、感受声律、体味词句，领会情感、品味意境、发展语感的充满情致的实践活动。

3. 学法手法。以课文为学法实践的载体，指导学生自学，突显学习方法的训练。

4. 创编手法。指导学生从"写"的角度运用课文，读中有写，写中有读，有读有写，读写结合。

5. 讨论手法。读读议议，议议读读，用边读边议、边读边说的方式理解、品读课文。

6. 情境手法。创设一定的教学情境，让学生在恰切的虚拟情境中进入角色，开展学习活动。

7. 联读手法。从某篇诗文扩展开，进行一次多篇式教学，或扩读，或比读，或专题研讨，或集中感受某种风格，或重点了解某种文化知识。

8. 穿插手法。在教学中适时地、有机地穿插与课文学习有关的若干资料，以增加教学内容的厚度。

9. 助读手法。用浅近的、生动的、精短的课文引导、辅导学生的课堂阅读。这是一种多快好省的教学手法。

10. 对话手法。师生就课文学习中某个或某几个预设的话题进行探究、对话、交流。

11. 赏析手法。用美点寻踪、妙点揣摩、妙要列举的方式，由学生对课文中的艺术形象、表现手法、描写方式、词语句段等进行自主的、合作的阅读欣赏活动。

12. 讲析手法。深入文本，解决难点，突显美点，解析规律，增加教学内容的深度和知识的宽度。

13. 论证手法。请学生论证文章层次、思路、顺序、结构的严密性与正确性，训练学生的阐释能力。

14. 激趣手法。巧妙设计学生趣读、趣思、趣说、趣写的课堂活动，既有愉悦的学习氛围，又有良好的学习收获。

15. 迁移手法。将教学内容迁移到新的材料、新的语境中，给课文教学增添更浓厚的情感色彩或思想色彩。

运用这些教学手法的基本出发点，就是有利于、有益于学生在大量的语文实践中学习运用语文的规律。离开了这一点，就无所谓手法运用。

二、教学手法的设计要领

教学手法的设计要领表现在如下方面。

1. 要得体。教学手法不仅要为教学内容服务，还要与教学内容和谐地融为一体，教学手法的运用要充分考虑到文本的文体、内容、主题，要自然而又贴切地让文本的教学更加生动、更加深入，更显现出教学艺术的味道。

2. 要美观。教学手法既然称之为"手法"，就必然有它艺术性的一面。在得体的前提下，应该充分展现手法的生动性、艺术性与科学性，使之在促进学生的课堂实践活动上、调动学生的学习兴趣上、优化师生的课堂交流上发挥自身的优势。

3. 要丰富。教学手法的设计，可以说是创意无限。以前那种占主导地位的单纯的讲析式教学手法，现在只能占有教学手法中的一部分"地盘"。在目前的中学语文阅读教学的课堂上，哪怕是在一个课时的教学中，也可以较多地用朗读手法、赏析手法等若干种能够让学生充分活动起来的教学手法。

三、例析变形阅读手法

变形阅读的手法就很有雅趣。

变形阅读在教学中主要指变文为诗、变诗为文的阅读，但如文中嵌字、词序变动、段序重排、选句成文、重新分段等，也可被视为变形阅读。

变形阅读适用于那些语句精短、音调和谐，具有阳刚之气、柔美之情、描叙之美的文章或文段，是一种别有情趣的阅读实践活动。将它用于阅读教学过程中，起码有两大好处。首先，因为需要变形而促使学生深层次地进入课文并专注地对课文内容进行分析、体味、揣摩；其次，因为文章的变形而让品味与阅读或朗读的过程变得有趣有味。所以，变形阅读常常是让美的文章、美的语言显得更加美好的阅读方式。

变形阅读有两种常用的方法。

1.变文为诗的朗读方式。如对《藤野先生》中很关键的一小段话语进行形式上的变化，用这种方式能够更加优美地表达出作者心中的怀念与感激之情。

有时我常常想：
他的对于我的热心的希望，
不倦的教诲，
小而言之，是为中国，
就是希望中国有新的医学；
大而言之，是为学术，
就是希望新的医学传到中国去。
他的性格，
在我的眼里和心里
是伟大的，
虽然他的姓名并不为许多人所知道。

这里的朗读舒缓、深沉，充满激情，韵味十足。

2.观察结构的能力训练。特别是微文、段落的品析，常常能给学生清晰的感受。

诫子书

诸葛亮

夫君子之行，静以修身，俭以养德。非淡泊无以明志，非宁静无以致远。夫学须静也，才须学也，非学无以广才，非志无以成学。淫慢则不能励精，险躁则不能治性。年与时驰，意与日去，遂成枯落，多不接世，悲守穷庐，将复何及！

全文由一个段落构成。在教学中可变形如下：

诫子书
诸葛亮

夫君子之行，静以修身，俭以养德。非淡泊无以明志，非宁静无以致远。

夫学须静也，才须学也，非学无以广才，非志无以成学。淫慢则不能励精，险躁则不能治性。

年与时驰，意与日去，遂成枯落，多不接世，悲守穷庐，将复何及！

引导学生观察、思考，可知四个层次的表达目的分别是：君子的道德标准，立志学习的重要，克服人生的弱点，珍惜青春的光阴。

这就是艺术的手法带来的效果。

第六节　朗读教学技能

　　朗读，一般解释为用清晰响亮的声音诵读。从教学的角度看，这样的定义还不足以表现朗读的魅力。朗读不只是出声地念书，朗读也不只是大声地读起来。

　　朗读，是进行语音、语调、语速、语气等方面的技能训练和普通话训练的语文学习活动。

　　朗读，是进行语言熏陶的一种学习方法，朗读训练扎实的人有着比其他人更好的语言表达能力。

　　朗读，是讲求语音准确、语流顺畅的充满诗意的文学活动。

　　朗读，是用声音来传达作品内蕴的丰富细腻的情感活动。

　　朗读，是用心来揣摩、用情来传达的表达艺术，是体味作品的艺术，是欣赏词句的艺术，是调动情感的艺术，是拨动心弦的艺术。

　　朗读，能让每一个学生放飞思绪、张扬青春、心情愉快。

　　朗读教学，既是语感的、技能的教学，又是审美的教学。在日常教学中，没有朗读的语文课很难说是美的语文课。

重要的是：朗读教学一定是文本主义的，一定非常关注课文内容的诵读品析，在这里一定看不到淡化文本、脱离文本的做法；朗读教学也一定是生本主义的，需要着力突出学生的阅读感受、阅读品味、阅读欣赏等语文实践活动。但是总的来说，目前中学语文朗读教学的研究及其实践都是滞后的。

这种滞后，是因为教师的能力，是因为许多语文教师难以胜任朗读教学。

这种滞后，表现于教学理念。人们一般认为，教学中不能没有分析理解、字词落实、质疑探究、品味欣赏等教学环节，但可以没有朗读。

这种滞后，表现为大多数农村中学语文课堂不进行朗读教学或很少进行朗读教学，表现为初三年级的语文教学因为逼近中考而淡化朗读教学，表现为在非文学作品教学中不进行朗读教学，表现为在很多学校的高中语文课堂上完全听不到读书声。

这种滞后，甚至表现为人们在中学语文课题研究中对朗读教学研究的淡漠与轻视。

很多年前就有人呼吁"还我琅琅读书声"，目前的朗读教学仍在"还"字上徘徊。其实，"还我琅琅读书声"只是一种层次不高的教学要求。

在课程改革的背景下，在课程标准明确地提出"能用普通话正确、流利、有感情地朗读课文，是朗读的总要求""各个学段的阅读教学都要重视朗读和默读"的要求下，在中青年语文教师成为教学主流的环境中，我们更要"追求朗读教学的诗意美"。在教学业务上，对于教师朗读教学技能的训练，我们要关注的是如何进行教学设计及其角度的取舍。

如下面的一些设计思路。

1. 小步轻迈——层次分明。

所谓小步轻迈，是将我们原来对学生比较笼统的"大家有感情地读起来"之类的朗读要求，细化为经过切分的有步骤的朗读训练活动。即经过多个小的步骤的训练，达成一次课堂朗读教学的目标。

如《天上的街市》的朗读训练——层层推进，训练扎实。

第一，读诗，我们要表现出诗的音乐美，第一要素是把节奏读好。（教师示范读第一段）

指出：诗句中按音节或意义有规律的短暂停顿叫作节奏。

第二，节奏读好之后，要注意读好诗中较大的停顿，如"我想""不信""你看"。（教师示范读）

指出：为了突出语意或情感的较大的朗读间歇叫作停顿。

女生齐读全诗。要求读好诗中的停顿。

第三，诗是抒情味最浓的一种文学体裁，必须读得抑扬顿挫，要把重音读出来。为了表达思想感情，有些词语的音要读得重些，这就是重音。（教师示范读第二段）

全班齐读第二段。

第四，还有一个要求，要把诗的韵脚读好。诗是讲究押韵的。什么是押韵？诗句中用韵母相同或相近的字结尾，就叫作押韵。本诗隔行押韵，每节换韵。

全班齐读。

这样的朗读训练步骤清晰，层次分明，渐次推进，内容扎实。

2. 角度精确——过程生动。

角度精确，指的是从课文教学的角度来组织朗读课文。在创新设计的要求下，这样的朗读可以完全摈弃原来笼统的要求，而是变化为每次的朗读都有具体的、细腻的角度要求。

如《口技》朗读课的教学流程设计。

第一次读：读得流畅响亮。人人出声，读得沸沸扬扬，形成课堂气氛并初步感知课文。

第二次读：读得字正腔圆。主要训练朗读第一段，教师示范，学生学读。这里的字正腔圆主要用于表现文中的气氛，为全文的朗读定下一个基调。

第三次读：读得层次分明。从理解段落层次的角度训练朗读第二、三段，同时训练学生的段落分析能力，

第四次读：读得有情有境。朗读第三、四段，教师示范，学生体味文中情境，并通过自己的朗读将其表达出来。

第五次读：读得有急有缓。重点朗读第四段，先急后缓，读出文中情境，读出段中层次。

这里的朗读教学要求具体，角度明确，覆盖周全，活动充分；加上形式的变化与调控手法的运用，场面的活泼可以想见。

3. 听读结合——形式活泼。

听读结合既有朗读训练的要求，又有听读方面的要求，读中有听，听中有读，读读听听，听听读读。这样的设计主要是优化教学节奏，丰富学习内容。

如学习爱情诗——《我愿意是急流》。

这节课的教学思路是：美美地听，美美地读，美美地品，美美地说。

第一个教学板块：美美地听。

老师：请同学们听读一遍课文。大家听的时候要想象诗中的画面。

老师：请同学们再听读一遍课文。大家听的时候要理解诗中的意象。

老师：请同学们第三遍听读课文。大家听的时候要感受诗中的真情，同时要轻声地跟读。

第二个教学板块：美美地读。

下面请同学们朗读三遍。

第一遍，重在整体感受，注意语音（饱满，圆润）。

第二遍，重在体味情感，注意语流（节奏，停顿，快慢）。

第三遍，重在进入情境，注意语气（轻重抑扬，抒情性）。

（1）请同学们先试读首尾两段。

（2）请同学们在音乐声中朗读全诗。

这样的教学过程表现出听中有读、读中有听、听听读读、熏陶感染的特点，学生的活动充分，教学的过程细腻。

4. 创造氛围——激动心灵。

这是层次要求更高的朗读训练要求，即有意地诗化朗读时的情境，让学生在一种浓郁的富有情意的或者是富有诗情画意的环境中朗读。

如冰心《纸船——寄母亲》这篇课文的朗读训练活动设想。

（1）请同学们朗读课文，体味文中情感。

（2）请用内心独白的方式自由朗读课文。

（3）请用轻声倾诉的方式自由朗读课文，看谁最能传达出诗的情感。

（4）全班同学用深情演读的方式朗读课文。

（5）请同学们设计朗读方案，集体诵读。

（女领）我从不肯妄弃了一张纸，总是留着——留着，

（女合）叠成一只一只很小的船儿，从舟上抛下在海里。

（男领）有的被天风吹卷到舟中的窗里，

（男合）有的被海浪打湿，沾在船头上。

（女领）我仍是不灰心地每天叠着，

（全班）总希望有一只能流到我要它到的地方去。

（女领）母亲，倘若你梦中看见一只很小的白船儿，不要惊讶它无端入梦。

（女合）这是你至爱的女儿含着泪叠的，万水千山，求它载着她的爱和悲哀归去。

（全班）这是你至爱的女儿含着泪叠的，万水千山，求它载着她的爱和悲哀归去。

这里的氛围从内心独白式朗读开始形成，从轻声倾诉式到深情演读式，情感氛围逐步浓郁，朗读时间长、角度精、体味深、形式美，支撑起一个实实在在的感受、体验、诵读的学习板块。

5. 以读带析——效益双重。

教学设计的视点已经不在于单纯的朗读训练，而是融合了阅读分析能力训练的因素，既进行朗读训练，又进行文章分析训练。这样的设计，既有艺术性，又有实用性。如《白杨礼赞》的美段朗读教学设计。

"那是力争上游的一种树，笔直的干，笔直的枝。它的干通常是丈把高，像加过人工似的，一丈以内绝无旁枝。它所有的丫枝一律向上，而且紧紧靠拢，也像加过人工似的，成为一束，绝不旁逸斜出。它的宽大的叶子也是片片向上，几乎没有斜生的，更不用说倒垂了。它的皮光滑而有银色的晕圈，微微泛出淡青色。这是虽在北方风雪的压迫下却保持着倔强挺立的一种树。哪怕只有碗那样粗细，它却努力向上发展，高到丈许，两丈，参天耸立，不折不挠，对抗着西北风。"

老师：这一段可以划分为两大层次。请同学们在"悟"的基础上读出课文的层次。女同学读第一个层次，男同学读第二个层次。（学生朗读。教师点拨：第一个层次是写白杨的形态之美，第二个层次是写白杨的精神之美；前者是"实"，后者是"虚"。）

老师：段中的第一层次有总说与分说，请同学们读第一个层次的内容，要求在总说与分说之间有一个节拍的停顿。（同学们朗读全段，体会段中更为细腻的层次。）

老师：这段文字的第一层次主要在句子的限制语上表达作者的赞美之情，试读出它们的重音。（自由朗读，细细品味。）

老师：这段文字的第二层次主要在句子成分的增加上表达作者的赞美之情，试读出它们的激情。（个别诵读，反复尝试。）

老师：这段文字中有几个词写出了白杨的形象与性格，请同学们试将它们朗读出来。（同学们读出"力争上游""倔强挺立""参天耸立""不折不挠"的感情。）

老师：大家在朗读中就读好了课文，读懂了课文。现在请大家自由朗读课文，回味一下，看这样的朗读过程对自己有怎样的帮助。

这样的教学手法巧妙，引导悟读，以读带析；细节丰富，过程生动；既有朗读，又有品析，将学生引入课文，让课文真正成为训练学生能力的抓手。朗读教学，有着更为高远的创新境界。我们可将朗读作为一种课型来设计，可将朗读作为一种教学线索来设计，可将朗读作为一种欣赏过程来设计，可将朗读作为一种教材处理的手法来设计，还可将朗读作为一种信息提取的活动来设计，等等。这些，都需要语文教师的实力。

第七节　学法指导技能

学法指导，是有效地训练学生的学习方法、思维方式和操作技能的高层次教学活动。现代教学新理念，需要我们在学法指导上进行实践与创新。

语文课程的重要目的之一是学生语文素养的形成与发展。这是学生学好其他课程的基础，也是学生全面发展和终身发展的基础。而在人的终身发展中，学习方法、思维方式和操作技能起着极为重要的支撑作用。

语文课程教学积极倡导自主、合作、探究的学习方式。这种方式中除了"方法训练"成分外，更多地表现在对人的培养上，表现在语文教育为造就一代新人而发挥的重要作用之上——现代社会要求公民具备良好的人文素养和科学素养，具备创新精神、合作意识和开放的视野。

现代语文教学要求拓宽语文学习和运用的领域，注重跨学科的学习和现代科技手段的运用，在不同内容和方法的相互交叉、渗透和整合中开阔学生的视野，让学生初步获得现代社会所需要的语文实践能力。

现代语文教学鼓励学生选择适合自己的学习方式，要求学生掌握最基本的语文学习方法并初步掌握科学的思想方法，在发展语言能力的同时发展思维能力，激发想象力和创造潜能。

学法指导，无论是指导学习方法，还是培养操作技能，实际上都是着眼于学生思维方式的训练。但从语文教学的现状看，学法指导实在是语文阅读教学中的弱势群体。由于传统的语文教学重在教师的讲析，重在知识的系统性，重在语文知识的考查，由于这种传统的观念与做法的巨大惯性，以及由此导致的语文教师的观念、视野与技能的局限，现在的语文教学基本上不进行这个方面的指导。

课程标准不仅要求教材应注意引导学生掌握语文学习的方法，还要求教师训练学生掌握最基本的语文学习方法。事实上，我们很多时候在学法指导上都是心虚的，我们往往不清楚哪些是基本的语文学习方法。

基本的语文学习方法是人们常用的、受用终生的语文学习方法，不论是生活中的阅读，还是学术研究中的阅读，这些方法都应该是普遍适用的。从教学的角度来说，主要是指语文学习中整理的方法、概括的方法、摘录（提取）的方法、归类的方法、比较的方法、联想的方法、欣赏的方法和提炼的方法。对这些基本的学习方法，我们心中要有底。在了解什么是基本的语文学习方法的前提下进行学法指导，可综合考虑如下层面的指导训练内容。

第一层面，要注意指导文体阅读的基本方法。如朗读和默读的方法，诵读的方法，精读、略读和浏览的方法，品读与欣赏的方法，整体把握文意的方法，各种文体的阅读方法等。

第二层面，要注意指导文章阅读的基本技能。如运用工具书的方法，圈点、勾画、批注的方法，摘录、制表格或制卡片的方法，写提纲、写阅读提要、写读书笔记的方法，概括或者延展的方法，等等。

第三层面，要注意指导立足发展的学习方式。如查找资料、引用资料特别是利用网络、音像制品、学习软件及图书馆搜集信息和资料的基本方法，运用现代技术整理资料、处理信息的方法，带有个性特点的积累资料的方法，制订阅读计划的方法，以及对适合自己的学习方式进行选择的方法，等等。

第四层面，要注意指导运用学习方法时的基本思维角度与思维方法。如综合、归纳、提炼、组合、链接、发散、分类、比较、印证、辨析、质疑、联想、想象等。

第五层面，要注意培养学生终身发展所必需的优秀的学习品质。如多角度处理信息资料、连续发现、跳跃性联想、多方位探究、独立创意、反向思考等。

给学生指导基本的学习方法，其实践活动主要依托课文自然地进行。比如有时候，可以利用课文来突显"一个点"的学法实践。所谓一个点，就是在某一单项内容上指导学生进行学法实践，如王维《山居秋暝》、杜甫《登高》

的教学实践。这两首诗可以在多方面形成比较，适于在教学的适当时机自然地引导学生多角度地比读。此时的比较阅读就是进行学习方法实践的一个点。

《山居秋暝》写美，自然生活心情美；《登高》写悲，景物身世心境悲。《山居秋暝》给人闲适潇洒的感觉；《登高》给人老病孤愁的感觉。

《山居秋暝》充满诗情画意；《登高》情景交融。

《山居秋暝》有一种迷醉自然的感受；《登高》有一种忧国伤时的心境。

《山居秋暝》表现出清雅的格调；《登高》表现出苍凉的意境。

《山居秋暝》整首诗是一种悠然的陶醉；《登高》整首诗是一种深沉的叹息。

有时候，可以利用课文来开展多个角度的学法实践，如人教版课标教材八年级上册《生物入侵者》这篇说明文，可以此指导学生进行多方面的学法实践。

1. 学法实践之一：速读，提取全文信息。

提取文章信息的重要方法之一是组合要言。组合要言，就是着眼于摘取文、段中的总说句、中心句、结论句等重要句子，将其进行组合，完整而概括地展现全文信息，进行综合性的表达。

2. 学法实践之二：概括，理解课文顺序。

请同学们概括文中各个层次的大意，据此证明本文的说明顺序。学生分组活动，进行概括。

第一段：解释概念，引出事物。

第二、三、四段：生物入侵及其危害。

第五段：生物入侵现象产生的原因。

第六、七、八段：人们的看法及采取的措施。

全文的表达顺序是：引出话题—摆出现象—分析原因—讨论对策。这是一种逻辑顺序。

3. 学法实践之三：提炼，表述事物特征。

请同学们综合全文内容，提炼出生物入侵者的本质特点，并给生物入侵者下定义。

4. 学法实践之四：欣赏，品味语言特色。

学生品味、思考、交流。

教师点拨：本文说"干预"不说"管一管"，说"遗弃"不说"丢掉"，说"耗资"不说"花钱"，说"听任"不说"随它"，说"困扰"不说"麻烦"，说"急剧"不说"很快"，说"天敌"不说"对头"，说"更换"不说"换掉"，等等。这类词语，可以称作书面语。

书面语就是有别于口头语的、常见于书面的语词，如说一个人有才华、闻名，这才华、闻名就是书面词。书面语的表达效果是规范、庄重、简洁、雅致，给人文气很足的感觉。

更多时候，我们可以训练学生自己读书的能力，让他们自觉地进行学法实践。如教师对学生进行"自读自讲"的方法指导。

自读自讲，其乐无穷；自读自讲，自我磨炼的一种有效方法；自读自讲，增长的是自己的阅读欣赏能力，其结果是读了文章之后能够给别人讲。

这种方法叫作"一句话反复概说法"。即在阅读欣赏一篇文章时，对着它用一个句式反复说话。

说话句式是："这是一篇……"

面对一篇文章，如果你能就自己的理解说出5个不同的句子，说明你已读懂它的意思；如果你能说出15个不同的句子，说明你已欣赏到了它的细节之美；如果你能说出更多的句子，说明你很有自己的见解……

又如，请学生读张晓风的《敬畏生命》，感受它高雅的内容、流畅的思路和清丽的文笔，试用"这是一篇……"的句式反复说话。

敬畏生命

张晓风

那是一个夏天的长得不能再长的下午，在印第安纳州的一个湖边。我起先是不经意地坐着看书，忽然发现湖边有几棵树正在飘散一些白色的纤维，大团大团的，像棉花似的，有些飘到草地上，有些飘入湖水里。我当时没有十分注意，只当是偶然风起所带来的。

可是，渐渐地，我发现情况简直令人吃惊。好几个小时过去了，那些树仍旧浑然不觉地，在飘送那些小型的云朵，倒好像是一座无限的云库似的。整个下午，整个晚上，漫天都是那种东西。第二天情形完全一样，我感到诧异和震撼。

其实，小学的时候就知道有一类种子是靠风力吹动纤维播送的。但也只是知道一条测验题的答案而已。那几天真的看到了，满心所感到的是一种折服，一种无以名状的敬畏。我几乎是第一次遇见生命虽然是植物的。

我感到那云状的种子在我心底强烈地碰撞上什么东西，我不能不被生命豪华的、奢侈的、不计成本的投资所感动。也许在不分昼夜的飘散之余，只有一颗种子足以成树，但造物者乐于做这样惊心动魄的壮举。

我至今仍然在沉思之际想起那一片柔媚的湖水，不知湖畔那群种子中有哪一颗种子成了小树，至少，我知道有一颗已经成长。那颗种子曾遇见了一片土地，在一个过客的心之峡谷里，蔚然成荫，教会她怎样敬畏生命。

同学们概说的内容可以如下面的句子。

这是一篇睹物抒情的文章，是一篇观景抒情的文章，也是一篇咏物抒怀的文章。

这是一篇对生命现象充满了敬重、充满了折服、充满了赞叹、充满了感动的文章。

这是一篇表达作者热爱生命、珍视生命、赞美生命的文章。

这是一篇由观察而思考，表达对生命力的感悟的文章。

这是一篇写观察时间之长和内心震撼之深的文章。

这是一篇用大量激情洋溢的词句描写、赞美湖边之树飘送种子的文章。

这是一篇用富于情感的抒情句表达自己内心真切感受的文章。

这是一篇运用了多种表达手法的文章。第一段是对事件要素的叙述：时间、地点、人物、事物；第二段主要用描写的手法写物；第三段是在写物的基础之上、在叙述之中的抒情；第四、五段是对事物议论，再抒情。

这是一篇由两个部分构成的文章，第一部分是第一、二段，写物，这一部分重在描写；第二部分是第三、四、五段，抒情，这一部分重在抒怀。

这是一篇用直接抒情的语段表达自己内心热烈感受的文章。

像这样的自读训练，就是有效的、可行的学法训练。

第八节 教案撰写技能

教案撰写技能，是教学设计能力的外化；既要进行教学设计，又要进行教案写作。总的来说，从中学语文教学的普遍情况看，太多的教学设计不求规范，不讲质量。大量简单、随意、不规范的阅读教学设计成为教学的先行，有的参赛课的教案设计甚至都不足千字，甚至有的名师就用草拟的教学设计进行教学。阅读教学设计的质量直接影响着课堂教学的质量。阅读教学设计不合规范直接反映了教师在教学技能训练方面的缺失。关于教学设计的比较理论化的定义是：教学设计是依据对学习需求的分析、提出解决问题的最佳方案、使教学效果达到优化的决策过程。

其实，我们都知道：教学设计，是教师在教学之先为了把知识与技能有条理、有重点、有方法地传授给学生而根据特定的教学材料预先制定教学方案的一种过程，它起于教学构思，成于教学方案。所以，从训练教师的教学技能特别是提升青年教师的业务素质的要求看，还需要再提语文教师"教案撰写技能"的训练问题。下面分两个层面谈谈阅读教学规范设计的基本要求。

一、普通的教学设计

这种教学设计，就是我们每天上课要用的教学设计，对这样的教学设计一点儿也不能马虎了事。对于每一课而言，在这种预先制定教学方案的过程中，从规范的角度而言，大约要做好十件事。

1. 读课文，了解课文所在的单元及这个单元的教学重点。

2. 了解课文的"身份"，是教读课文还是自读课文。

3. 反复研读课文，以获得对课文的新鲜感觉，获得对课文的深入理解，形成对课文的独到见解，提炼出字词教学、文章阅读、句段品析等方面的教学材料。

4. 阅读教学资料，包括专业的中学语文杂志上与本课有关的教学资料和教师教学用书上的资料，以完善、深化、优化自己对课文的理解与把握。

5. 收集与课文教学有关的背景资料、连读资料、穿插资料或者迁移资料等。

6. 确定教学目标，设计教学流程，勾勒教学思路，划分教学时间。

7. 根据自己所安排的教学流程或者教学思路，分析、提炼、组合教学内容，初步确定本次教学的内容重点和能力训练重点。斟酌重要教学板块的教学手法。

8. 按一定的书写格式、用完整的结构表述教学过程以及教学内容。其中略写的内容有"教学创意""教学目标""重点难点""课时安排""预习要求"等；详写的内容主要集中在各个教学步骤中。要特别注意不要随意地、长期地搬用所谓的"三维目标"，要特别注意科学地、艺术地设计学生的课堂活动，要准备好教师与学生对话的基本内容以及教师需要在教学中讲析的内容。

9. 完成辅助教学的板书设计或设计好多媒体课件。

10. 修改、补充、完善已经形成的初步方案。

从通常的语文教师的教学设计来看，即使是一般的、普通的教学设计，也要注意改变语文阅读教学设计中年深日久的旧思路与旧手法，即改变基本不变的结构模式、多年沿用的教学安排以及缺乏精致组合的教学内容等。每一位语文教师都有学习运用新的教学方式、养成与时俱进的教学设计习惯的责任。

二、艺术的、创新的教学设计

这种教学设计，既可以是我们每天上课要用的教学设计，也可以是用作参赛、培训、研讨教学设计艺术、展现个人教学艺术的教学设计。它更加讲究设计的技艺与艺术，更加讲究表达的规范。

除了上述常规步骤与内容之外，创新的教学设计可在如下方面突显特色。

1. 明确地表现出新颖的以学生学习实践活动为主的教学创意。

2. 在突显课文的训练功能方面、在学生能力训练方面有着鲜明的个性特点。

3. 表现对课文的精细阅读、精确提炼和别出心裁的处理；在课文研读的过程中对课文进行分解与组合，提炼出课文教学的资料卡片。

4. 简化教学线条，优化教学内容。

5. 在提问设计上表现出极为简洁、一问能抵许多问的教学技巧。

6. 讲究师生对话，教学过程中甚至可以没有一问一答的教学细节。

7. 在教学细节上运用个性化的、灵动实用的艺术手法。

8. 在形式上淡化传统教学设计的模式，表现出新的角度、新的思路、新的结构。

从目前的中学语文创新教学设计来看，我们多多少少走了一点弯路。所以，进行教学设计的创新，除了理念的更新、手法的变换之外；除了以思维创新为先行，用开放、灵活的思维来引领教学设计的创新之外，还应当正视深入课文文本、加强语言教学、培养学生终身受用的语文能力的问题。下面是《沁园春·长沙》制定的无提问式的、力求规范的、训练活动比较充分的创新教学方案。

《沁园春·长沙》教学方案

课文语言卡片

字音：

沁（qìn）园春　峥嵘（róng）

百舸（gě）争流　怅寥廓（kuò）

挥斥方遒（qiú）　浪遏（è）飞舟

对称短语：

万山红遍，层林尽染；

漫江碧透，百舸争流；

鹰击长空，鱼翔浅底；

指点江山，激扬文字。

常用引语：

万山红遍　百舸争流　鹰击长空　苍茫大地　激扬文字

忆往昔峥嵘岁月稠　风华正茂　指点江山　中流击水

教学方案设计

（一）教学内容

1. 读懂课文内容，感受诗的崇高美。

2. 学习一些有关知识。

（二）教学创意

两条教学线索：一条是知识穿插，一条是朗读。

（三）教学过程

导入：今天我们学习毛泽东作的词《沁园春·长沙》。

学习活动之一：诵读，整体理解

知识撷萃：毛泽东词《沁园春·长沙》。

这是青年毛泽东的词作。1925年秋，毛泽东去广州主持农民运动讲习所，经长沙时重游橘子洲，写下了这首画面壮阔、境界高远、感情奔放、胸怀豪迈的即景抒怀之作。

朗读训练：读出诗中的激情。

1. 请同学们体味词的意境，然后进行朗读。语速要适中，要表现出一种放眼天下，深思未来、激情满怀的心胸与气魄。

2. 请同学们再读课文，理解全词内容，试着用一句话或者一个短语对这首词进行评价，如岁月如歌。

学生回答的内容可能有：心潮，同学情怀，少年豪情，指点江山，青春岁月，忆往昔峥嵘岁月稠，激情燃烧的岁月……

教师略做小结。

学习活动之二：诵读，分层概括

朗读训练：读好特殊节奏。

请同学们高声朗诵，在诵读中体会"领字"在结构和语速上的表达作用。感受上阕写景抒情、下阕叙事抒情的表达特点，感受词中瑰丽的景物描写和诗人激情勃发的思想感情。

知识撷萃：对仗。

诗词中的对偶叫作对仗。对仗指两句相对，上句叫出句，下句叫对句。"沁园春"这种词格一般都用较多的对仗。

如：万山红遍，层林尽染；漫江碧透，百舸争流。

又如：鹰击长空，鱼翔浅底。

下面请同学们用对仗的方式来概括这首词的内容与风格。老师出"出句"，同学们写"对句"。

师生的活动成果如下。

上阕写壮景；下阕抒豪情。上阕主写景，景中有情；下阕主写情，情中有景。万山红遍，一派壮丽秋景；中流击水，一群热血青年。上阕绘景，描绘橘子洲头秋色图；下阕忆事，表现同学少年凌云志。

教师准备小结。

学习活动之三：诵读，品味词句

知识撷萃：炼字。

诗人讲究炼句、炼词、炼字。简单来说就是写作时反复斟酌、锤炼、推敲语句，使之精确简洁、生动传神，为诗文增色。炼句，往往是在炼字，这就是所谓一字千金。流传已久的"推敲"的故事正是如此。

下面请同学们用"一句话品析"的方式自由品析，说说这首词中的哪些字用得好，哪些词用得好，哪些句子写得好。

同学们可以这样说：

"染"字用拟人手法，写出秋色之深；

"击"字显示出雄鹰展翅奋发、搏击的强劲有力；

"争"字既写船又写人，写出了人的奋发向上的精神面貌；

"翔"，既写了"鱼"，又写了"水"；

"翔"字写出鱼儿在清澈见底、水天相映的水中游动得自由轻快，像在天空中飞翔一样；

"竞"，以一个"竞"字说明万物为生存、为发展而不停地竞争；

"红"，红色往往给人朝气蓬勃、喜庆祥和之感，由此可见作者内心的激情。

教师顺势讲析诗眼。

"诗眼对诗人来说，往往是最为得意之笔；对读者来说，则又是最提精神之处。所谓"炼字""炼句""苦吟""推敲"等，都与此有关。我们从最能体现诗人思想观点、情感态度的角度来品鉴本词的诗眼，就是'问苍茫大地，谁主沉浮'。"

朗读训练：语速缓急有致。

请同学们在品析欣赏的基础上自由地朗读课文，体会词中的情感。

学习活动之四：诵读，感受意境

知识撷萃：意境。

意境，是作品中蕴含着、渗透着、表现着的作者思想感情的艺术境界。如王之涣的《登鹳雀楼》的意境是开阔的，王昌龄《出塞》的意境是豪迈的，马致远《天净沙·秋思》的意境是凄婉的，毛泽东《沁园春·雪》的意境是崇高的，柳宗元《江雪》的意境是孤寂的，陆游《十一月四日风雨大作》的意境是悲壮的，李清照《声声慢》的意境是凄美的，毛泽东《沁园春·长沙》的意境是高远的。

朗诵训练：音调高亢激越。

激情诵读，读出气势，感受意境。先请同学们激情背读这首词，师生再共同吟读这首词。

学习活动小结：说说励志的问题。

励志，就是激发志气，以求有所作为。对于青年学子来讲，《沁园春·长沙》是一首洋溢着阳刚之气的励志词。

第九节　语言表达技能

前面讲了语文教师的八种基本教学技能。还有一种技能需要强调，即教师的语言表达技能。语文教师教学语言的最大弱点，就是缺少学科特点。教师在课堂教学中，基本上是"家常话"式的表达占主流，教师在课堂上对文学作品欣赏中的术语用得很少。中小学统编语文教材将优化教师的课堂教学语言提上了议事日程。统编教材的编写者们倾注了极大的精力，优化了整套教材的编写语言，既表现出高层次的专业素养，又显现出高超的语言水平。

如统编语文教材七年级上册第一单元的导语，句式优美，语音清越。

日月经天，江河行地，春风夏雨，秋霜冬雪，大自然生生不息，四季景物美不胜收。本单元课文用优美的语言，描绘了多姿多彩的四季美景，抒发了亲近自然，热爱生活的情怀……

如《诗经》二首的预习提示，情感丰富，情趣盎然。

《诗经》中不少歌咏爱情的诗，或表达对美好爱情的向往和追求，或抒发爱而不得的忧伤和怅惘。这些诗，今天读来仍然会让人怦然心动，获得美的愉悦。诵读这两首诗，用心体会诗中歌咏的美好感情。

如《白杨礼赞》的思考探究，运用术语，点示知识。

文章开篇入题，紧接着又宕开一笔，用一大段文字描写高原景象，这样安排有什么好处？本文写法有扬有抑，富于变化，体会这种写法的表达效果。

如《登勃朗峰》的阅读提示，章法严整，骈散有致。

作者在文中记述了与友人游览勃朗峰的经历，或浓墨重彩，或简笔勾勒，笔法多变，妙趣横生。写上山，用散文笔法，描绘山中奇景，嶙峋的怪石，变幻的光彩，引出无限感慨；写下山，以小说笔法，叙述奇人奇事，惊险的旅途，怪异的车夫，富有传奇色彩。细读课文，或许还能够感受到一份别样的幽默。

如《"飞天"凌空》的课文批注，言简意赅，容量饱满。

1. 以白云、飞鸟之动衬托她的沉静。2. 连贯的跳水动作被分解成起跳、腾空、入水三个步骤，逐一描写，犹如慢镜头回放。3. 展现生动的画面，是新闻特写常用的写法。

4. 侧面描写，满怀自豪。

如课外古诗词诵读《庭中有奇树》的诗意解说，语言优雅。

诗作开头写叶绿花盛，本是春日佳景，但一人独赏，引动思念之情。于是，女主人公攀枝折花，欲寄远人。此花若能寄到，也是一种安慰；然而天长地远，相思何处可达？女子执花在手，无语凝伫，任花香盈袖，愁肠百结，终无可奈何，心生感慨：此花虽美，不能相赠，有何可贵？不过更增思念之苦罢了。全诗因人感物，由物写人，抒写情思，通篇不离"奇树"，篇幅虽短，却有千回百折之态，深得委婉含蓄之妙。

下面是从统编语文教材七年级下册课本中摘取出来的有关语汇，它们显示出优化教学语言运用的三种角度，可供参考。

1. 知识术语。

细节描写，故事情节，直接抒情，间接抒情，借景抒情，托物言志，写景状物，铺陈排比，烘托，称谓语，文章起笔，叙事诗，传记文学，传奇，科幻小说，第一人称口吻，画面感，韵律美，制造悬念，埋下伏笔，误会，一波三折，象征，暗写……

2. 评价语言。

简洁精练，铿锵有力，直抒胸臆，精致凝练，富有诗意，别具一格，经典作品，刚健质朴，民歌特色，神奇色彩，生动传神，简洁风格，弦外之音，诗中有画，清新流畅，耐人寻味，抑扬错落，饶有趣味，含义丰富，寄寓情思，真情洋溢，想象奇特，构思巧妙，感人至深，意境悲凉，议论精警，幽默诙谐，异趣横生……

3. 指导用语。

精读，通览，略读，简要分析，扫视文段，提取信息，把握关键词句，揣摩品味含义，体味表达的妙处，体会语言的表现力，找出评价性词语，说说其表达效果，体会作品情境，感受作者情怀，感受文章的意蕴，把握严谨的思路，说说语言风格的不同，体会词句蕴含的情感，解释其衍生的意义……

似乎编者们所想的是，时时处处，角角落落，都得讲究语言的美，都得讲究书卷之气，都要表现出文学作品审美的味道。这对语文教师是极好的暗示与启迪。教师的课堂教学语言，也应该像语文教材一样，简明、准确、流畅、生动、雅致，要表现出专业性、准确性、简洁性、情感性、知识性的特点。语文教师要想方设法提高自己教学语言的表达质量，在文学作品的教学中坚持运用有文学味道的教学语言。有了这方面的基础并习惯于课堂教学中的运用，我们的教学语言就会纯粹起来，优雅起来，丰美起来。

第三章

语文阅读教学的创意角度

定点阅读，构思教案，取舍角度，勾勒思路，优化细节，斟酌手法，教师在教学之前的这些前期准备与策划都可以称为"教学创意"。教学创意表现在教学设计上，体现出来的是教师的教学素养和教学智慧。优秀教学创意的产生不追求灵机一动。它的产生需要三个方面的条件。

1. 教师对课文文本的精细研读和深刻体会。

2. 反复认真地斟酌、思考、提炼与修改的构思过程。

3. 有带有时代特点的教学理念的支撑和与课文教学有关的丰厚参考资料的支撑。

创新的教学设计追求五个境界：新颖、简明、实用、灵活、雅致。

创新的教学设计需要回避五个方面：教程死板、课前预演、课中展示、浅表阅读、高调清谈。在"教学创意"上多下力气，对于教师特别是年轻教师业务能力的提高极有好处。这一章不仅从教师教学阅读的三个阶段和多元解读做了详细的介绍，还介绍了教学创意的六个讲究：新、简、实、活、雅、趣。

第一节 语文教师教学阅读的三个阶段

在生活中一个人为什么会去阅读一篇文章？他可能是为了获得信息、增长见识，比如读报纸，主要就是想知道最近发生了什么事；也可能是为了怡情养性或单纯娱乐，比如读诗歌、散文或小说，大多数没有其他目的；也许是出于个人兴趣爱好，比如看专业杂志，了解专业领域的状况；当然，也有的纯粹就是为了消磨时间，并没有什么直接原因。以上这些阅读活动，都是顺着个人意愿，也是比较随意的，我们把它叫作"自然状态的阅读"，简称"自然阅读"。

一般说来，在自然阅读中，人们只要能读出这篇文章写了些什么或者从这篇文章中悟出点什么就算达到目的了，也就是阅读停留在了解文章内容的层面，很少会去思考这篇文章是在什么状态下写的、这一段为什么要这样写等关于文章表达动机和结构信息特点的问题，更不会想应该怎么读这一类文章这种阅读策略问题。而这些问题恰恰是语文教师必须思考的，语文教师为阅读教学而进行的阅读，也就是教学阅读。

当然，一个语文教师，平时在读一篇文章的时候，也可以把自己当作一位普通读者，但是一旦进入备课、教学设计等工作状态，他就超越了一名普通读者而进入教学阅读状态了。针对一篇课文，语文教师的教学阅读一般要经历以下三个阶段。

一、第一阶段：以普通读者的身份，读出个人的感受与理解

强调语文教师要做教学阅读，不是不要自然阅读。恰恰相反，我们主张教师第一次接触一篇课文，最好是独立地、在自然状态下完成阅读。自然状态的阅读就是不借助参考资料、不带备课任务的情况下，独立地、自然地阅读课文，理解文意，这个阶段的关键是教师的自我体验，避免让他人的解读结论先入为主地代替自己的感受与理解。举个简单的例子，我们若是先看了电视剧版的《红楼梦》，再去读《红楼梦》的原文，脑中黛玉、宝玉、宝钗就会是电视剧中演员塑造的形象。这种先入为主的印象给我们提供了一个迅速理解人物的框架，但也阻碍了我们对书中人物更丰富、更带有自己感情的想象，这就是受他人影响带来的遗憾。人们对重拍的电视剧《红楼梦》所选的演员多有诟病，也和人们对原来版本电视剧演员造型认可的先入为主的观念有一定关系。

　　这一点往往会被教师所忽视。不少教师贪图便捷，常常跳过自然阅读而直接去翻阅教学参考书，或到网上搜索别人现成的教案。教师失去了对课文真实的感受和体验，对文章思想和语言的细微之处自然很难产生真切的感受，包括自然阅读中的困惑等。这样一来，他的教案也可以写得洋洋洒洒，而实际上教师的主体则可能处于失语的状态。因为教师表达的大都是别人、教学参考书上都说过了的、说尽了的，他没有自己的阅读体验，更别说新鲜的观点了。这种缺乏生命接触的阅读带来的后果是，教师习惯做别人的传声筒，久而久之，就会成为一个被动的接受者、一个没有创见的人。因此，教师多做自然状态的阅读不仅在于个性发现，还可以让自己的阅读敏锐、有活力。

　　教师拿到一篇课文以后，首先是让自己静下心来，在没有参考任何资料的情况下独立品味文章，本能地感受作者的真性情、真感觉，这对教师从真正意义上理解一篇课文是大有帮助的。很多时候，我们的确能自己读出教学参考书上没有写明的观点、感受作者某些细微的情绪、鉴赏作者的语言表达。有了这样的收获之后再去进一步细读课文，再广泛涉猎有关参考资料，我们就不再是一个被动的接受者，而是带着自己的最初感知和体验、努力要和别人（作者、评论者和教材编者）进行对话的积极的参与者了。有了自然状态的阅读作为基础，教师自然而然就掌握了理解课文的主动权。

对于教学设计来说，自然状态的阅读还有一层意义。教师在自然阅读中获得的体验，包括感受、理解、克服的障碍，以及存在的疑问，这些东西很可能就是学生阅读课文的最初体验，因而也是教师与学生进行有效沟通的媒介。因此，初始体验对教师明确教学内容、明确教学起点也是至关重要的。

二、第二阶段：从语文教师的角度进行定位阅读，读出课文的学科价值

完成自然状态的阅读之后，教师对课文有了比较丰富的感性体验。接下来，他还要以一名语文教师的身份再去审视课文，由自然阅读转向教学阅读，以确定文章的教学价值。

课程改革的一个新观念就是"用教材教，而不是教教材"。用教材教什么？当然不是教材本身，而是那些隐含在教材中，又在教材显性信息以外的语文学习、社会生活、对学生的发展成长有价值的东西，是"举一反三"的"一"，这个"一"从哪里来？常常需要教师把它从课文里找出来，这个过程应包括两个具体环节。

（一）找出课文中的教学价值点

和普通读者不一样，语文教师有自己的职业敏感性，又有许多参考工具，在阅读几遍课文后，教师能比较容易找出课文的许多教学点，有主题、结构、重点词句方面的，有文体知识方面的，有写作规律的，还可能有文化、历史和人文素养等方面的。这些内容都有可能成为学习一篇课文的预设目标。把这些内容找出来，就为下一步备课做好了充分准备。

一篇课文的教学价值有哪些？可以从下面几个角度来考虑。

1. 这些内容是语文学习所需要的，而不是非语文性的。

2. 这些内容是文章里自然隐含的，而不是牵强附会的。

3. 这些内容在这篇文章里是比较突出的，而不是无关紧要的。

4. 这些内容是这篇文章独有的，而不是所有文章共有的。

把具备这些条件的内容列出来，这些内容中的每一点，都有可能成为教学设计的依托，成为这一课的教学目标。

（二）确定教材的核心教学价值

一般来说，语文教材里的课文都是编者精心挑选出来的，一篇课文必然存在许多得教的内容，而具体到一节课、一个教学单元的时间是有限的。因此，上面选出来的教学内容只能算是候选的，而用于教学设计，还必须从里边挑选最有价值、最值得教的东西。怎样确定一篇课文的核心价值呢？

首先，要看看这篇课文的文体特点，不同的文体包含着仅属于这种文体的语文知识和阅读路径等，应该把最能体现文体特点的表达找出来。其次，要了解这篇课文在教材学习价值体系中的地位。教材为什么把这篇课文放在这一册、这一个单元里呢？一般都不是随意的，因为课文服从单元，单元受制于整册教材，教材又服务于课程标准。教材编写者可能已经考虑了这篇课文基本的价值点了，因此，语文教师要仔细阅读教材中的单元提示、课后练习，从中发现教材所强调或暗示的这篇课文的教学价值。核心价值可以通过下面两个互逆过程进行检验。

1. 单篇课文—单元课文—整册教材—整个学段的几册教材。

2. 整个学段的几册教材—整册教材—单元课文—单篇课文。

前者是从局部向整体追溯，后者是从整体至单篇分解。在这个过程中，教师不妨看一看参考书，看一看他人对文章的解读和教案，以帮助自己确定合适的主要教学内容。

三、第三阶段：为这一次语文教学做定点阅读，确定这篇课文的教学价值

在备课中完成了上述的阅读程序，对许多教师来说已经算是很不错了。可是此时，他离一个优秀教师还有一段距离，因为还没有经过最后一关，这一关就是与教学对象对接，就是根据自己班级的学情做最后定位。钱梦龙老师说过："我备课时最关心的问题，不是自己怎样教，而是学生怎样学——带着什么动机和情绪，以什么态度，用什么方法。"钱老师说的不是套话，而是他能够成为一名教学大师的秘诀之一，应该作为准则落实在教师备课过程中，包括阅读教材的过程中。它提醒我们，教师在分析教材的时候，不仅要想着一般教什么与怎样教，不仅是从课文的角度考虑教什么，还要从自己班级学生的角度想应该教什么，比如学生有怎样的认知特点，学生的兴趣点是什么，学生原有的认知结构怎么样。对学生有足够的了解，再回头读教材时才会真正做到心中有数，确定的教学内容才可能做到取舍有据、详略得当、深浅合宜。

以上是语文教师阅读一篇课文一般要经历的三个阶段。当然，在具体实践中，每一个教师都可以根据自己的特点灵活掌握阅读课文的步骤，不一定非要按部就班地做。我们把针对一篇课文"如何确定教学内容"的经验总结为"三问"。

1. 先问自己为什么要学这一篇课文。如果回答因为是精品甚至是经典，那么让学生知道"精"之所以为"精"，"典"之所以为"典"，这就是这一篇课文的教学内容。如果回答"因为既然编进了书本，所以要学"，那么实际上学不学它也就无所谓了。

2. 再问为什么需要教这一篇课文。通常一篇课文，教师不教，学生也能读懂，否则它就不会有读者了。那么为什么还需要教？你应该找出需要教的三五条理由，再根据课程标准、学情等筛选、提炼，教学内容就出来了。

3. 最后，还要确定什么不教。学生（一般）已经知道的不教，今天学生还不需要知道的不教，不是本单元教学重点的不教，尽可能多剔除不需要教的，才能把教学内容提炼得很精粹，把任务规定得很集中。

除了上述关于语文教师阅读课文的过程和方法以外，需要提醒的还真不少，如在阅读教材的过程中，教师要有一种积极、主动的态度，敢于向周围的人求教。教师阅读越主动，效果当然越好。下面我们来分析一下《安塞腰鼓》，关于排比，可以教什么。

《安塞腰鼓》有十余处排比，不仅数量较多，而且类型也比较丰富。很多教材都将这篇文章选作课文。以该文中的排比句为抓手理解文本，是一种值得尝试的设计。以下是为该文确定的四项教学内容和流程：判断哪些句子是排比；能根据一定的标准将排比进行分类；分析、鉴赏排比句的表达效果；写作排比句。下面是其中的第二项内容"能根据一定的标准将排比进行分类"：要分析排比的表达效果，或者学习写作排比句，首先需要了解排比的不同结构、作用类型及其特点。因此，需要教会学生能依据不同的标准，区分排比的基本类型。

排比一般可以分为以下几类。

1. 依据构成排比的成分，可以把排比分成词语的排比、单句的排比和复句（或段落）的排比。

2. 从组成排比的词语或句子的数量看，可以有三个也可以有更多的词语或句子组成排比。

3. 从排比所铺排、渲染的对象看，有单一对象和多个对象之分。

4. 从构成排比的词语或句子的内容之关系看，有并列关系和递进关系之分。

仅以3、4两点衡量，就有表3-1描述排比的A、B、C、D四种类型。

表3-1　排比的四种类型

	同一对象	多个对象
并列（角度展开）	A	C
递进（程度推进）	B	D

下面以《安塞腰鼓》一文中的排比句为例，对这四种结构的排比的特点和作用略加阐释。

A类，针对同一个对象的不同角度的铺排。如："后生们的胳膊、腿、全身，有力地搏击着，疾速地搏击着，大起大落地搏击着。"

该例句从力度之强、速度之快和幅度之大三个方面，分别对打腰鼓的后生们的动作、状态进行描写，强调了他们身上豪迈的气势与蓬勃的力量。

B类，针对同一个对象在程度上做推进描写。如："一捶起来就发狠了，忘情了，没命了!"

该例句以三个层层推进的短语，强调了后生们打腰鼓时旺盛的生命力，以及后生们忘我投入的境界，突出了打鼓人的投入和腰鼓让人欲罢不能的魅力。

C类，针对不同对象做分别描写和铺排。如："骤雨一样，是急促的鼓点；旋风一样，是飞扬的流苏；乱蛙一样，是蹦跳的脚步；火花一样，是闪射的瞳仁；斗虎一样，是强健的风姿。"

该例句以五个句子组成排比，每一句描写一个对象，强调一个特点，多角度渲染出后生们与腰鼓共同传递出的磅礴的气势。

D类，针对不同对象的不同程度的推进。如："这腰鼓，使冰冷的空气立即变得燥热了，使恬静的阳光立即变得飞溅了，使闲倦的世界立即变得亢奋了。"

这组排比句虽然是描写后生们敲打腰鼓之后的氛围，但是组成排比的三个分句描写的对象不同，分别是"冰冷的空气""恬静的阳光""闲倦的世界"。从逻辑上看，描写这三个对象的空间范围、影响程度，有层层推进的意味。

这个案例在教学内容的确定上有两个显著特点：一是知识引领，二是高度聚焦。语文学科既有的知识和研究成果，可以帮助我们较快发现文本的特点、较准地找到文本的教学价值。当然，很多语文知识是相对的，如陈望道先生曾将排比分为两类"一为本来可以括举而今故意列举的"和"二为本来只可以列叙的"，这是根据排比的内容进行分类的。此外，排比还可以根据标志语的位置、表达方式（叙述、描写、抒情、议论、说明）等进行分类，本文没有采用。因此，如何结合文本特点选择和运用知识，是一个很大的课题。所谓高度聚焦，是一次教学设计聚焦于一个目标，或选择文本的一个显著特点作为突破口。目标集中，教学活动往往才更有针对性，学习才能起到以点带面的作用，利于提高教学效率。

四、问题与对策

（一）过度依赖教学参考书

一些教师习惯在备课前翻阅一下教学参考书，这是一种好的习惯，但是如果只看参考书，甚至过度依赖教学参考书，那就不好了。教学参考书是教学设计的助手，在教学参考书中一般都有"写作背景""课文分析""学习目标""教学设计范例"以及"相关资料"等栏目。在备课之前看一下教学参考书，对确定教学目标、设计教学活动、明确注意事项，都有一定的帮助。

但教学参考书最好在教师自主解读文本的基础上使用。解读文本和教学设计是语文教师的基本功，要用很多时间和精力磨炼。但如果我们从实习或入职开始，就总是"备课看教参，上网查资料，将别人的教案改造成自己的教案"，用的只是别人的结论，教的只是别人的设计，日复一日，连在大学中文系读书时培养的那一点作品分析能力也会慢慢弱化，又如何能锻炼出独立地解读文本、恰当地确定一篇课文的教学目标的能力呢？

教学参考书、现代信息工具为教师备课提供了许多便利，但教学参考书只能提供一些基本材料和常规教学思路，未必适合教师和学生。尤其是来自网络的材料，需要教师注意选择和辨析。网上资料水平参差不齐，还会有错误，再说别人的理解感受与你自己的阅读总归隔着一层，因此也只能作为参考，要使它们变为自己的东西，关键还得有足够的处理能力和消化能力。也就是说，教师本身要具备较强的文本解读能力，才能让它们为"我"所用。

（二）文本解读能力有限

文本解读能力的提高不会一蹴而就，需要长期地、有意识地培养。建议可以从下面几个方面入手提升文本解读能力。

首先，大量阅读。我们说培养学生的语感要让他们多读书。同理，教师也得多读文章，而且要阅读不同体裁、不同风格的文章。有些女教师不喜欢读平实的说明文，也不喜欢读枯燥的论说文、调查报告等，这不仅会让自己对这类文章越来越陌生，还会影响自己的知识面和逻辑分析能力；有些男教师不喜欢所谓矫情的散文、诗歌，觉得它们缺少阳刚之气，但读这类文章，可以锻炼细腻的感觉、培养对文字的敏感度，少了它，阅读营养也不全面。因此，如果从个人的角度说，喜欢读什么、不喜欢读什么都可以理解，但作为语文教师，必须大量阅读不同种类、不同语言风格的文章。

其次，阅读一些优秀的分析文章。前人对一些经典课文、名家作品有许多精辟的解读，多翻阅这类文章，看看专家是怎么去分析一篇文章的，不仅能开阔眼界，而且在无形之中就培养了鉴赏能力。如果愿意进一步挑战自己的阅读能力，提升自己独立解读文本的能力，还需要阅读一些文艺理论和教育学书籍，现在书店里文字学、文章学、叙述学、阐释学、学习理论的专业书籍很多，甚至教你"怎样读书"的书也不少，这类书可以帮助我们从本质上把握阅读是怎么回事，该如何阅读不同类型的文章等。比如，《如何阅读一本书》就把阅读的目的分为为娱乐而阅读、为获得资讯而阅读、为追求理解力而阅读；将阅读分为四个层次：基础阅读、检视阅读、分析阅读和主题阅读。这类书会从方法上给我们启发和指引。

最后，还要总结、掌握一些基本方法。多阅读仅仅是打基础，其他方面的修炼也很重要，如养成独立思考的习惯、多与他人讨论、掌握一些解读文本的套路和方法、注意及时总结等，这些也都是提高文本解读能力不可缺少的途径。张大千说过："作画如欲脱俗气、洗浮气、除匠气，第一是读书，第二是多读书，第三是须有系统、有选择地读书。"作画如此，做语文教师也应如此。

（三）修习建议

1. 选择一篇你喜欢的课文，梳理你对这篇课文在阅读理解方面的变化。

（1）回忆你第一次读这篇课文（或早年时读它）的印象、感受。

（2）重新阅读这篇文章，看看今天你会从哪个角度设计教学。

（3）比较不同时期内阅读后发现的异同，想想其中的原因。

2. 从报刊或图书中选择一篇你不熟悉的文章，分别试着以普通读者、一般教师和为自己班级做教学设计的教师三种身份去阅读该文，记录阅读感受和发现，体会三种阅读身份带来的阅读差异。思考：三种阅读身份的阅读是不是有截然不同的收获？为什么？

（四）阅读的层次

第一层次的阅读，我们称之为基础阅读。也可以用其他的名称，如初级阅读、基本阅读或初步阅读。不管是哪一种名称，都指一个人只要这个层次的阅读熟练了，就摆脱了文盲的状态，至少已经开始认字了。在这个过程中，一个人可以学习到阅读的基本艺术，接受基础的阅读训练，获得初步的阅读技巧。

第二层次的阅读，我们称之为检视阅读，特点在强调时间。在这个阅读层次，学生必须在规定的时间内完成一项阅读的功课。譬如他可能要用十五分钟读完一本书，或是在同样的时间内读完两倍量的书。因此，用另一种方式来形容这个层次的阅读，就是在一定的时间之内，抓出一本书的重点。

第三层次的阅读，我们称之为分析阅读。分析阅读就是全盘地阅读、完整地阅读，或是说优质地阅读——你能做到的最好的阅读方式。分析阅读是一种专注的活动。在这个层次中，读者会紧抓住一本书，一直咀嚼消化这本书。

第四层次也是最高层次的阅读，我们称之为主题阅读。这是所有阅读中最复杂、最系统的阅读方式。在做主题阅读时，读者会读很多书，而不是只读一本书，并列举出这些书之间的相关之处，提出一个所有书都谈到的主题。但只是书本字里行间的比较还不够。主题阅读涉及的远不止于此。借助他所阅读的书籍，主题阅读者要能够构架出一个可能在任何一本书里都没有提过的主题分析。因此，很显然，主题阅读是最主动也是最花力气的一种阅读。

（五）建立清晰的评价指标的需要

为了保证评价的公平性和建立与其他人的合作，一系列清楚的评价指标对于评价每一个水平上的学生来说是重要的，在《基础英语：评价的策略和材料》一书中，加拿

　　大安大略省教育部对三套最终确立的评价指标做了区分，"以使流畅的读者既能展现出他们发展中的许多技能，也能展现出他们作为流畅读者已经具有的技能"。这里描写的指标考虑到了不同阅读水平的学生，能考查到学生的优缺点，以帮助教师决定要提供给学生什么样的资料和方案。

第二节　什么是多元解读

自20世纪末以来，随着教育视野的拓宽，一些新名词进入语文教学研究和实施领域，而多元解读无疑是出现频率颇高的词汇之一。不过，什么是多元解读？在哪些情况下适宜用多元解读来开展阅读教学？如何划分多元解读的边界？这些是开展多元解读会遇到的问题。

现代多元解读理论来自西方阐释学，传统阐释学以德国哲学家施莱尔马赫和狄尔泰等人为代表，他们认为意义是文本自身所固有的，不以解释者的理解为转移，因而解释者的任务就在于清除自己的各种偏见，投入到作者原有的处境中，客观地理解和把握文本的意义。德国当代哲学家迦达默尔发展了这种理论，他认为文本的意义并不完全是客观、静态地凝固于文本之中的东西，而与人的理解不可分，读者的知识、经历、审美趣味、当时的阅读心境等因素，都会影响对某一文本的解读。

一、多元解读在阅读教学中的意义

从不同角度对文学作品进行阐释，是中国诗论的传统，并留下了许多精彩案例及论述。例如，对李商隐《锦瑟》一诗，历来就有"咏物诗""爱情诗""悼亡诗""自况诗"和"诗论诗"等多种理解。金人元好问在《论诗绝句三十首》中感叹"一篇《锦瑟》解人难"，形象地道出了人们在理解《锦瑟》时众说纷纭的情况。开展多元解读，对语文教学来说至少具有以下几重意义。

1. 为阅读前人的文学作品、理解复杂的艺术实践活动、吸收先哲们博大精深的思想成果、继承人类长期积累的精神财富提供了丰富、无限的可能。

2. 突破传统语文教学中普遍存在的单向思维模式，凡问题都有预设结论、有标准答案，这有利于培养学生的质疑精神、深入研究问题的态度和创造性思维。

3. 有利于学生人文素养的提升。多元解读能让人知道看问题有不同的立场、方法、观点，利于培养学生了解和尊重他人、包容不同意见的人文精神。

4. 可丰富教学手段。课堂对话、辩论、课题报告这些适于多元解读的方式使教学组织更为灵活多样。

语文课程标准对多元解读也给予了充分肯定。《义务教育语文课程标准（2011年版）》指出："阅读是学生的个性化行为。""教师应加强对学生阅读的指导、引领和点拨，但不应以教师的分析来代替学生的阅读实践，但不应以模式化的解读来代替学生的体验和思考；要善于通过合作学习解决阅读中的问题，但也要防止用集体讨论来代替个人阅读。"《普通高中语文课程标准（2017年版)》也指出："能对同一个文学作品的不同阐释提出自己的看法或质疑。""在鉴赏活动中，能从不同角度、不同层面鉴赏文学作品，能具体清晰地阐释自己对作品的情感、形象、主题和思想内涵、表现形式及作品风格的理解。能比较多个不同作品的异同，能对同一作品的不同阐释发表自己的观点，且内容具体，依据充分。能对作品的艺术形象及价值有独到的感悟和理解。"这些主张吸纳了现代文艺理论成果，鼓励学生在阅读活动中的主体姿态，对开展多元解读教学都具有指导意义。

二、多元解读的适用对象

认知主体自身情况千差万别，导致人们几乎对所有事物包括概念、语句以及文本的理解可能存在一定的差别。比如，人们看到"人"这个字，有的想到中国人，有的想到外国人，有的想到男人，有的想到女人，那么这算不算是对"人"的多元解读呢？当然不能算，否则多元解读也就没有多大价值了。多元解读的对象是自身充满不确定性的文本，比如文学艺术作品。多元解读的内容，主要是文学形象和文本主旨。多元解读一般以一篇独立的文本为基本单位。对文本的浅理解或错误理解不属于多元解读。

三、多元解读的路径

多元解读是一扇通往丰富多彩的文本世界的大门。但是，这扇门却不是随随便便就能够进入的。它需要一些符合要求的钥匙，也就是使用一定的工具、循着一定的路径，否则，不仅无法走进文本的真正天地，还可能对作者精心建构起来的文本世界造成破坏。在文本解读上，我们大体可以借用这样一些钥匙。

1. 看权威性的介绍，如教材、教学参考书、百科全书、词典的权威性介绍。这些出版物对文本的介绍，有的会提供多种视角、多种观点，有的虽然只有一种观点，但是它能提供一种参照，是进行多元解读的基础。

2. 参考他人的学术研究成果，如书刊、网上发表的评论。这类文章往往以标新立异为写文章的主要价值取向。一方面我们可以借此启发思路，另一方面也要持谨慎态度，注意分辨其论述不周全、故作惊人之语的可能。

3. 看作者自己的介绍。作者的介绍能提供解读文本的第一手材料，但是，有时作者的言说会受社会环境、性格等因素的影响，从而造成对某些信息的遮获。

4. 从自己独特的生活经验、心理活动出发，推己及人。在某些情境下，有人会产生与众不同的感受、做出与众不同的举动。用自己独特的心理感受、理解文本中的某人某事，常常会有独特的发现。

5. 借助一定的理论工具对文本进行分析。前人在解读各类文本中，创造了许多专门的分析视角和阅读理论，如心理分析、原型批评、符号学批评等。用一些新的学说分析文本，常有令人耳目一新的结论。但理论工具的使用要注意合理性，不要机械地套用、胡乱联系。例如，有人曾经用心理分析学说解读我国四大古典名著之一的《西游记》，说孙悟空对观音菩萨有"恋母情结"，这就属于生搬硬套的解读。

6. 同类作品比较，从两者的异同来分析、理解文本的特点。

在选择视角、运用理论工具进行文本分析的时候，需要注意这样几点。首先，每一种工具都有自己的长处，也有它的局限性。一方面，我们可以借鉴某一种方法获得富有个性的解读；另一方面，我们也要从整体感受和文本的实际出发，实事求是，不应抓住只言片语牵强附会，不应为创新而创新。鲁迅先生在论及对《红楼梦》的阅读理解上有段名言："单是命意，就因读者的眼光而有种种：经学家看见《易》，道学家看见淫，才子看见缠绵，革命家看见排满，流言家看见宫闱秘事。"这段论述，我们既可以看作是鲁迅先生对文本多元解读可能性的肯定，也可以看成他对胡乱解读的一种批评。其次，在语文教学中对文学作品的多元解读，其主要目的还是从多个角度理解多面的社会生活，见识人类丰富的感情世界，培养学生从不同视角看问题的意识和能力，不是以出"新说法"为目的的文学批评游戏。因此，即使是多元解读学习，也是以了解基本的常识为主，不必盲目增难度、赶时髦，更不宜动辄用所谓的新观点哗众取宠。下面我们来分析《狼》的教学设计片段。

《狼》的教学设计（片段）

《狼》设计的一个教学目标是"挖掘故事中的哲理"，并将此确定为教学难点。下面是设计的一个环节的活动。

我们已经感受到作者对故事中两个角色的描写非常生动。那么，在对其描写的过程中，有没有一些深刻的哲理呢？

学生小组讨论，班级交流。可能有的思考角度如下。

1. 一屠遇两狼，说明了什么？说明了人少狼多，人弱狼强。（哲理一：少与多/弱与强）

2. 屠与狼，分别代表（象征）了什么？人与狼分别象征善与恶。（哲理二：善与恶）

3. 开始屠惧，后来屠"暴起"，说明了什么？说明他开始胆怯，后来勇敢。（哲理三：怯与勇）

4. 开始是人退狼进，后来"狼不敢前，眈眈相向"——狼退人进，说明了什么？说明了进与退会随条件发生变化。（哲理四：进与退）

5. 人与狼对峙时，"一狼径去，一狼犬坐于前"，且坐于前的狼"目似瞑，意暇甚"，说明了什么？说明一狼假装睡觉，诱骗屠户放松警惕，为同伙从背后攻击赢得时间，假装与真实的意图相悖。（哲理五：真与假）

6. 狼犬坐看似聪明，其实为屠户提供了一个良好的进攻机会。于是"屠暴起，以刀劈狼首，又数刀毙之"；而那只"身已半入，只露尻尾"的狼，还傻乎乎地打洞呢，至死都不明白自己是怎么死的——屠夫的"智"在于他勇敢地以退为进，准确把握时机；而狼则自作聪明。（哲理六：智与愚）

7. 故事的结尾狼死人胜，说明了什么？说明勇者胜，智者胜。（哲理七：胜与败）

老师在引导学生从课文的某一局部内容展开探讨，发现《狼》一文给自己的哲理启示。也有教师对《狼》一文被编入"动物单元——人与动物要和谐相处"这一主题单元中提出不同意见，认为《狼》一文只是取狼这一动物为小说的一个艺术形象，作者借这一艺术形象所要传递的不是"人与动物要和谐相处"的主题。这些解读都有各自的道理，《狼》作为文学作品，不同读者从不同视角看到的作品内涵有所不同，这是文学作品多元解读价值的充分体现。语文教师可以引导学生从作品中的不同艺术形象来读出自己的思考，也可以知人论世，从作者的创作意图等来思考作品的意蕴，还可以结合当下的社会现实等读出作品给当下社会的启示。

四、问题与对策

（一）多元解读漫无边界

在语文阅读教学设计中引入多元解读观，为语文教师展示学识和个性提供了很大的空间。但是，多元解读不是无限制地猜想，否则这种解读很容易走入信口开河、漫无边界的误区。

常见的漫无边际的多元解读有以下几种表现。

1. 混淆文体间的差异，生硬地嫁接主旨。比如，把寓言当作历史记录、把虚构的小说当作写实的散文，任意生发所谓的新意义。再比如，把《愚公移山》中的愚公判为专制和愚昧。

2. 脱离文本的整体意蕴，抓住只言片语无限生发。比如，把朱自清的《荷塘月色》中所引的《西洲曲》当作全文的"文眼"，从而断定文章主旨是"性幻想"。

3. 用现代观念和标准评价古人。比如，把武松打虎说成滥杀野生动物，把《聊斋》故事批为迷信。

4. 将某些不成熟的所谓"新研究"当解读依据。比如，把诸葛亮《出师表》里的谦恭、真诚说成虚伪、大奸。

5. 用课文来影射社会政治。比如，《滥竽充数》本来的寓意是"没有真才实学的人难以长久蒙混"，可是有人却解读为"专权、任意改变规则"。

上述误区告诫我们，多元解读是恰当、合理的解读而不应是误读和错读。一千个读者有一千个哈姆雷特，但哈姆雷特总归是哈姆雷特，不会成为哈利·波特"。多元解读有两条基本原则，即多维度和有边界。多维度即鼓励思维多样和价值丰富，有边界即不能远离文本的核心，少了其中的一条，都是有缺陷的。

（二）脱离语文学习的轨道

多元解读的目的，一是利于理解文章的丰富内涵，二是锻炼多向思维的品质，三是养成尊重他人、包容不同意见的习惯。但是，这几重目的都是在语文课堂这个环境下开展的，都离不开语文学习这个前提。多元解读中常见的一种倾向是：脱离课文这一语文学习材料，脱离提升语言素养这个总目标，泛泛地去讨论社会话题，把语文阅读教学中的多元解读变成了社会热点问题讨论，这就脱离了语文学习的轨道。要避免这种误区，首先应回到语文学习的正路上，知道阅读教学的主要目标是理解文本的主要意思，学会读某一类文章，掌握阅读方法，不是（至少不全是）辩论清楚这篇文章能解决今天的什么问题。其次，还要知道哪些文章适合多元解读，知道多元解读的边界。

（三）进行虚假的多元解读

多元解读之所以在阅读教学中有价值，很关键的一点是阅读教学基于真实的阅读材料、基于不同学生的真实感受。当面对同一个话题或讨论对象时，不同个体从自己的立场、经验出发，自然会产生不同的感受。也就是说，这个讨论是真实的。真实讨论中的交流、碰撞，才能真正有利于提升彼此的认识水平和思想境界。但是，有的教师的多元解读，就违背了这一原则。他们或者怕学生意见不够多元，或者担心课堂不够精彩，人为地事先设计好若干不同观点，上课时让学生演出来，这是违背多元解读的真实原则的。

还有一种做法，看上去是真实的，本质却有违真实原则。比如，让同一个学生分别从多个角度去评价一个对象。譬如有教师出过这样的题目。

请分别从赞成和不赞成两个角度评价这件事，并分别说明理由。

一个人对一件事的态度，要么是赞成，要么是不赞成，怎么可以持两种截然相反的态度且都有理由呢？这种多元解读，只能算是辩术训练。

（四）修习建议

1. 你阅读过多元解读教学案例吗？圈画出该案例中的主要问题，分析师生的多元解读具体都有哪些理解？

2. 你有没有尝试过对一篇课文做多元解读的教学？可对照本书中介绍的常识做一次尝试。

3. 选择几篇课文，查阅资料，看看人们对这篇文章有哪些分析、评论，判断这些观点是否可以在教学中采用，说说你是以什么标准来衡量它们的。

4. 分析某一册教材中的选文，分析哪些课文不适合做多元解读。

第三节　什么是教学创意

创意：有创造性的设计、构思等。根据这种解释，我们试着来定义教学创意。所谓教学创意，就是充满新意的、有个性的、有一定创造性的教学构想，就是准备实施于教学的新点子、新角度、新思路、新策划。

一般而言，教学创意是教学设计的先行。教学创意侧重于创新，侧重于构想，侧重于独特性，侧重于表现个性。教学设计则更多地表现为平实、翔实、厚实。有时候也直接将教学创意视为可执行的教学设计。

从教学研究和教学设计艺术的角度看，研究教学创意的立意高于研究教学设计。不只是整体的策划或者构想，语文教学的每一个细节都充满了创意，在充满智慧的语文教师面前，教学方案或者细节的构思永远都是创意无限的。下面通过《我的叔叔于勒》的教学设想来看创意。

《我的叔叔于勒》创新教学设计之一

课型设计

第一课时——自读品析课：理解课文内容，进行初步赏析。

第二课时——选点精读课：设置课堂话题，进行深入赏析。

第一课时

1. 导入课文，进行背景材料的铺垫。

2. 认字识词，交代课文的训练重点。

3. 学生自读课文，感受文意。

4. 学生简述故事情节，拟小说的情节结构提纲。课中交流，教师小结。

5. 学生再读课文，从课文整体的角度就"课文巧妙的构思，曲折的情节"进行讨论。

教师小结：

"船"是整篇小说构思的着眼点；"我"作为叙事的主体贯穿全篇；"于勒"是小说的线索人物；小说运用了虚实结合的手法，情节曲折引人；抑扬对比的手法得到了恰切的运用；用人物的言行神态的变化自然而深刻地表现人物的心理、性格；用景物的描写烘托人物的心情；"船上巧遇"这个情节极为重要地表现了本文"巧妙的构思"
……

第二课时

1. 教师点拨：欣赏一篇小说，一般有三种角度。第一，整体性品评，即阅读小说后体会它的布局谋篇、刻画人物、展现情节的妙处。第二，线条式品析，即从人物语言、行动、神态的描绘，人物心理的刻画，环境的描写，对比手法的运用，修辞手法的运用等诸多"线条"中抽出一条来咀嚼回味。第三，美点式品评，结合全文内容，挑选一两个细节，认真欣赏、分析。这一节课重点品析"船上巧遇"这一部分，学生自取角度，写一篇一两百字的赏析文。

2. 学生思考、写作，全班讨论交流。

3. 教师小结，举办课中微型讲座："特快号"船长作用赏析。

船长，证实了一次奇特的巧遇。

船长，照应了于勒的美洲之行。

船长，补全了于勒的生命轨迹。

船长，衬托了于勒的卑微低下。

船长，给故事增添了美妙波澜。

船长，推动了情节的迅速发展。

……

这个教学创意，表现出如下特点。

1. 进行了课型设计。

2. 从一开始就进入"文学作品教学"这个氛围。

3. 第一课时从整体理解的角度处理课文，第二课时从选点品析的角度处理课文。

4. 要求学生用"写"的方法进行课文赏析。

5. 教师的课中微型讲座提高了教学的品位。

下面再用《社戏》（片段）的教学设计来解说教学创意。

"这一天我不钓虾，东西也少吃。母亲很为难，没有法子想。到晚饭时候，外祖母也终于觉察了，并且说我应当不高兴，他们太怠慢，是待客的礼数里从来所没有的。吃饭之后，看过戏的少年们也都聚拢来了，高高兴兴地来讲戏。只有我不开口；他们都叹息而且表同情。忽然间，一个最聪明的双喜大悟似的提议了，他说："大船？八叔的航船不是回来了吗?"十几个别的少年也大悟，立刻撺掇起来，说可以坐了这航船和我一同去。我高兴了。然而外祖母又怕都是孩子们，不可靠；母亲又说是若叫大人一同去，他们白天全有工作，要他们熬夜，是不合情理的。在这迟疑之中，双喜可又看出底细来了，便又大声地说道："我写包票！船又大；迅哥儿向来不乱跑；我们又都是识水性的!"诚然！这十多个少年，委实没有一个不会凫水的，而且两三个还是弄潮的好手。外祖母和母亲也相信，便不再驳回，都微笑了。我们立刻一哄地出了门，我的很重的心忽而轻松了，身体也似乎舒展到说不出的大。一出门，便望见月下的平桥内泊着一支白篷的航船，大家跳下船，双喜拔前篙，阿发拔后篙，年幼的都陪我坐在舱中，较大的聚在船尾。母亲送出来吩咐"要小心"的时候，我们已经点开船，在桥石上一磕，退后几尺，即又上前出了桥。于是架起两支橹，一支两人，一里一换，有说笑的，有嚷的，夹着潺潺的船头激水的声音，在左右都是碧绿的豆麦田地的河流中，飞一般径向赵庄前进了。"

教学创意：由一篇知一类，对初中生进行小说阅读的启蒙教学。

创意解说：《社戏》一文，由于课文内容的生动美好，在教材中往往安排在七年级的单元里。在日常的教学处理上，基本上都是从记叙文的角度而并非从小说的角度进行教学。如果我们安排从小说的角度进行教学，且将历来被教师的教学淡化、忽视的片段作为重要的教学内容，就是教学立意的创新、教材处理的创新和教学角度的创新，这就是教学创意。

这个教学创意，在中学生小说阅读技能的启蒙上力求达到如下目标。

1. 由"这十几个少年"知道什么是"人物群像"。

2. 由"双喜"知道什么是"人物出场"，什么是"人物个像"。

3. 由"八叔的航船"知道什么是小说中人物活动的"场景"。

4. 由"双喜拔前篙，阿发拔后篙"知道阿发出场的作用，了解什么是"伏笔"。

5. 由"母亲送出来吩咐'要小心'的时候"知道它与后文写"母亲"等候"我们"归来的"照应"。

6. 由这个课文片段知道什么是情节，什么是细节，什么是波澜。

教师要特别指点学生：短篇小说的开端部分，往往起着人物出场、场景设置的作用；这些角度是别人基本上没有用过的，但它又是可用的、可行的，于是它就是创新的、富有创意的。

第四节 教学创意讲究"新"

创意，意味着必须进行创新。所以，教学创意讲究"新"。

"新"字主要体现在"角度"二字上。因为"角度"好，"角度"与众不同，便有了个性，于是就叫作创意。创新的教学设计，一个"新"字牵动我们无数的思绪。可以出"新"的角度太多了。

新的教案体例，即教案撰写的格式、思路非同寻常，如笔者常用的体例就是"课文赏析短文+教学方案设计"的教案体例。新的课文处理方式，即巧妙地处理课文，或难文浅教，或短文深教，或课中比读，或一次多篇……新的训练角度，即充分利用课文的教育教学价值，从超常规而又切实可行的角度对学生进行朗读、阅读、思考、表达的训练。新的活动方式，即课堂活动着眼于能力训练，着眼于学生深层次的思考，引导学生独立思考，让学生集体经受课堂训练的历练。还有，运用新的教学手法、创造新的教学思路、采用新的教学形式、安排新的作业方式等，在课堂教学的每一个环节、每一个细节中，都可以让新的创意展现风采。

下面是《土地的誓言》的全新教学设想。它新在课型的设置，新在课文处理的角度，新在对课文的充分利用，新在学生活动的方式，新在学生阅读能力训练的角度。

《土地的誓言》教学创意

《土地的誓言》，对七年级学生而言，是一篇比较难的文章，是一篇比较长的文章。而就自读课而言，又只有四十分钟或者四十五分钟的教学时间。所以，此课的教学必须化难为易。就课文本身的表达而言，此课的教学又必须考虑其情感抒发的真挚热烈，必须考虑课文语言的生动优美。综合这两个方面的要求，课文教学主要采用剪辑课文片段并以激情朗诵的方式进行。

教学步骤与内容：朗诵艾青的诗《我爱这土地》。

"假如我是一只鸟，

我也应该用嘶哑的喉咙歌唱：

这被暴风雨所打击着的土地，

这永远汹涌着我们的悲愤的河流，

这无止息的吹刮着的激怒的风，

和那来自林间的无比温柔的黎明……

然后我死了，

连羽毛也腐烂在土地里面。

为什么我的眼里常含泪水？

因为我对这土地爱得深沉……"

活动之一：厚重地铺垫

1. 作者简介。

2. "九一八"事变简介。重在展示"九一八"之后东北人民家破人亡、流离失所的惨状和悲痛，努力让学生感受到家国之痛、民族之恨，唤起学生的内心情感，引起学生的心灵共鸣，同时营造课堂学习的庄严氛围。

3. 初读课文。利用课文的"阅读提示"切入教学，切入课文内容。初知课文内容，体会课文浓郁的抒情。

活动之二：精心地剪辑

教师组织精选课文内容的活动。

活动形式：人人自读。

活动内容与要求：从《土地的誓言》中选出三块完整的内容，形成课文朗诵稿。这三块内容中的每一块都要加上小标题，三个标题既要有利于诵读演示，又要力求表现课文主题。学生活动，师生对话，形成大致统一的看法，形成《土地的誓言》诵读稿。

《土地的誓言》诵读稿

对于广大的关东原野，我心里怀着挚痛的热爱。我无时无刻不听见她呼唤我的名字，我无时无刻不听见她召唤我回去。我总是被这种声音缠绕，不管我走到哪里，即使我睡得很沉，或者在睡梦中突然惊醒的时候，我都会突然想到是我应该回去的时候了。

故乡

当我躺在土地上的时候，当我仰望天上的星星，手里握着一把泥土的时候或者当我回想起儿时的往事的时候，我想起那参天碧绿的白桦林，标直漂亮的白桦树在原野上呻吟；我看见奔流似的马群，听见蒙古狗深夜的嗥鸣和皮鞭滚落在山涧里的脆响；我想起红布似的高粱，金黄的豆粒，黑色的土地，红玉的脸庞，黑玉的眼睛，斑斓的山雕，奔驰的鹿群，带着松香气味的煤块，带着赤色的足金；我想起幽远的车铃，晴天里马儿戴着串铃在溜直的大道上跑着，狐仙姑深夜的谰语，原野上怪诞的狂风……

土地

在故乡的土地上，我印下我无数的脚印。在那田垄里埋葬过我的欢笑，在那稻棵上我捉过蚱蜢，在那沉重的镐头上有我的手印。我吃过我自己种的白菜。故乡的土壤是香的。在春天，东风吹起的时候，土壤的香气便在田野里飘起。河流浅浅地流过，柳条像一阵烟雨似的窜出来，空气里都有一种欢喜的声音。原野到处有一种鸣叫，天空清亮透明，劳动的声音从这头响到那头。秋天，银线似的蛛丝在牛角上挂着，粮车拉粮回来，麻雀吃厌了，这里那里到处飞。稻禾的香气是强烈的，碾着新谷的场院辘辘地响着，多么美丽，多么丰饶……

誓言

土地，原野，我的家乡，你必须被解放！你必须站立！夜夜我听见马蹄奔驰的声音，草原的儿子在黎明的天边呼唤。这时我起来，找寻天空中北方的大熊，在它金色的光芒之下，是我的家乡。我向那边注视着，注视着，直到天边破晓。我永不能忘记，因为我答应过她，我要回到她的身边，我答应过我一定会回去。为了她，我愿付出一切。我必须看见一个更美丽的故乡出现在我的面前或者我的坟前。而我将用我的泪水，洗去她一切的污秽和耻辱。

活动之三：激情地演读

教师组织不同形式的表演式诵读活动，让这语言的精华、让这热爱的深情渗透到同学们的心灵之中。教师结合课后阅读提示进行学习小结。

第五节　教学创意讲究"简"

简化课堂教学程序、简化课堂教学内容，是极其重要的教学要求。教学过程和教学内容的繁复基本上是人为的，或者说是教师群体不知道从什么时候开始形成的非良性的教学习惯。繁难的设想不好深入，艰深的方案不便展开，可能都不是好的创意。好的创意能够让人一眼看出它明晰的思路和简洁的内容，于是它就可用、有用。创意离开了"有用"二字，用褒义词来评价，可能只是畅想。几乎所有的教师都能够胜任简化头绪的教学。而简化则并不意味着学生学不到知识，练不出能力。教学创意讲究"简"，其实质在于让教师的课堂活动精练起来，让学生的训练活动充实起来。

教学创意讲究"简"，其奥妙在于教学过程看似简单，教学内容却丰厚，简中求丰。下面是笔者对《林教头风雪山神庙》一课的教学创意。它首先是求"新"的，然后是求"简"的；它的教学过程与内容简洁明了，但对学生的训练却十分扎实；可以看出教师研读课文的深度与广度，又可以看出对学生进行训练的力度与厚度。

《林教头风雪山神庙》教学设想

教学创意

1. 设法将学生引入课文之中。

2. 用逐层深入、逐渐细化的教学步骤引导学生既从整体上把握文章内容，又注重对文章细节的品评欣赏。

3. 运用"话题讨论"的方式引导学生分析文章层次和欣赏文中细节。

预习要求

1. 读课文，给生字注音；读注释，理解部分词语的含义。

2. 读课文，试对每段课文的大意进行概括。

课时安排

在预习的基础上，用两节课完成此课的教学。

第一课时

1. 与本课有关的背景、情节介绍。

2. 认字识词：赍发、亲眷、玷辱、怎地、酒馔、尴尬、防噎、髭须、朔风、反拽、迤逦。

3. 对《林教头风雪山神庙》的若干学术评价。

（以上约8分钟）

教学活动设计一：从比较粗的线条入手组织阅读活动

概说活动：用巧妙设计抓手的方法，让学生进入课文，初步把握文意。

活动抓手：请学生根据课文内容，说说对课文标题"林教头风雪山神庙"的理解。

活动方式：学生自由叙说，教师对学生的理解进行评说。

发言的内容可能有：这个标题点出了故事的人物、地点、环境；这个标题表现的是林教头风雪之中夜宿山神庙的故事；这个标题表现出人物生活的一种凄凉的环境；这个标题有着类似于"悬念"的作用，让读者急于知道故事的内容；这个标题突显了故事的高潮；这个标题可以让我们品味环境描写对故事情节与人物的烘托作用；从故事内容看，这个标题表现了林冲人生道路的又一次重大的转折。

教师顺势插入人们对这个标题的种种评说。

（以上约15分钟）

教学活动设计二：从稍细的线条入手组织阅读活动

分析活动——运用"一石多鸟"的方法，既让学生进入课文，又训练学生的分析、概括能力，并间接地提高多角度认识事物的能力。

1. 教师介绍对课文内容层次的一般划分与概括，即这篇课文分为四个部分。

第一部分（第一自然段）：沧州遇旧。（林教头沧州遇旧知）

第二部分（第二自然段至第五自然段）：买刀寻敌。（林教头买刀寻仇人）

第三部分（第六自然段至第九自然段）：到草料场。（林教头接管草料场）

第四部分（第十自然段至第十二自然段）：雪夜报仇。（林教头怒杀陆虞候）

2. 教师提出讨论的话题。

对这篇课文内容层次的划分，有人提出可以分为三个层次，也有人认为可以划分为五个层次，请同学们各自选一种说法，证明这种说法言之有理。

学生课堂交流，表达看法，教师进行评点。（教师对"三个层次""五个层次"的划分方法应有充分的准备，以便和学生对话。对话之中顺势插入多角度分层划段的观点。）

（以上约20分钟）

第二课时

教学活动设计三：从更细的线条入手组织阅读活动

欣赏活动：运用"读写结合"的方法，既引导学生深入课文，又训练学生的欣赏能力、表达能力。

活动要求：请同学们从老师提供的话题中自选一个话题，写两三百字的欣赏短文；请同学们自己拟定话题，写两三百字的欣赏短文。

教师提供的话题：

1. 课文中的一字之妙；

2. 课文中的一物之妙；

3. 课文中的一景之妙；

4. 课文中的悬念之妙；

5. 课文中的伏应之妙；

6. 课文中的巧合之妙；

7. 课文中的细节描写之妙；

8. 课文中的语言精粹之妙；

9. 山神庙描写欣赏；

10. "偷听"描写欣赏；

11. "三喝"描写欣赏；

12. 风雪描写欣赏；

13. 对话描写欣赏；

14. 故事高潮部分欣赏；

15. 林冲性格欣赏。

教师示例：

"林冲至山神庙，入了庙门，把门掩上，旁边恰巧有一块大石头，便"报将过来靠了门"。这一石头非常关键，在文中取得了"一石二鸟"的效果。一方面因石头靠了庙门，陆虞候、富安等人放火后推不开门，林冲才因此得知他们的害人奸谋，促使林冲的性格最终发生转变，完成了人物性格的最后升华，更推动情节发展到了高潮。另外，雪大风急，林冲掇石靠门，抵御风寒是正常的，但要知道，此石头林冲能"轻轻""掇开"，却让陆虞候等三人"再也推不开"，不也体现了作为八十万禁军教头的林冲的神勇吗？"小"石头之巧正可谓一石掀起千层澜，人物情节两丰满。"

学生写作。（约15分钟）

全班交流。（约15分钟）

教师评说，教学小结。（约6分钟）

这个教学创意的"简"，表现在层次分明的学生阅读训练活动：较粗的线条，稍细的线条，更细的角度——都是学生的阅读赏析活动。

第六节　教学创意讲究"实"

"实",是有效教学的前提之一。所谓"实",是说课堂教学要实实在在地开展活动,少搞花架子。将课堂教学做稳做实,需要考虑"大量减少"与"大量增加"的问题。

五个方面的内容应该大量减少。

1. 大量减少课堂教学中非语言文字手段的使用。

2. 大量减少课堂教学中的碎问碎答和教师的话语量。

3. 大量减少就课文教课文而不重视学生能力训练的教学设计。

4. 大量减少完全脱离课文语言环境的所谓"迁移拓展"与"清谈感受"活动。

5. 大量减少"小组展示活动"。

五个方面的内容应该大量增加。

1. 大量增加学生在课堂上安静思考的时间。

2. 大量增加充分利用课文训练学生能力的课堂实践活动。

3. 大量增加语言训练即语言学用、语言品析活动的比重。

4. 大量增加学生在语文课堂上知识的积累量。

5. 大量增加对学生个体独立解决问题的能力训练。

反过来说，课堂教学中的"实"不是不负责任地让学生"你喜欢怎么读就怎么读"；不是死板地、硬性地要求上课后用五分钟时间检查字词、下课前用五分钟时间进行反馈；不是用编写水平低下的学案来限制语文课堂教与学的智慧；不是让浪费学生大量时间的"课前演练""课中展示"泛滥成灾。中学语文课堂教学中的"实"，简而言之，是强调教师的教学素养和教学技艺，对学生当堂进行训练，当堂见到成效。

《陈太丘与友期行》教学创意
读、练、品、议——能力综合训练

一读：请同学们反复朗读课文，做到用朗读表现课文的两个层次。

这个环节中的朗读，已经不是一般意义上的对课文的出声诵读，已经带有分析课文内容、划分课文层次的能力训练的性质。

二练：请同学们根据下面的要求对词义进行自由辨析。

两个意思比较难以理解的字

两个分别表示"敬"与"谦"的美字

两个同形而意义有区别的字

两个字形不同而意相近的字

两个能够表现本文要义的字

这个环节中的字词练习，不是一般意义上的字词练习。由于要求从"两个"的角度来辨析字词，于是这个活动带有思维训练和学习方法训练的色彩，当然也更好地解决了字词认读的问题。

三品：请同学们再读课文，对课文内容进行品味、品析。根据下面的话题来表达自己的见解。

从文章中的一个字（词）读出了：＿＿＿＿＿＿＿＿

从文章中的一句话读出了：＿＿＿＿＿＿＿＿＿

从这篇文章读出了：＿＿＿＿＿＿＿＿＿＿＿

这个环节把学生的思维引入课文，训练学生品词论句的能力和表达阐释的能力，同时提升课堂教学欣赏的品位。

四议：评说课文。

话题：议一议《陈太丘与友期行》叙述的是一个什么样的故事。

这个环节训练学生认识课文、提炼课文、概说课文的能力，深化学生对课文表达技巧的理解。这个教学创意，既新又简又实，预设精巧，生成到位，学生可有充分的多个角度、多种形式的课堂实践活动，能接受实实在在的课堂阅读训练。这样的教学效果绝非那种碎问碎答式的教学所能比。

第七节　教学创意讲究"活"

　　"活"，指的是教学创意讲究过程灵动、手法生动，讲究环节与细节的科学变化，讲究有一点诗意。

　　"活"，可根据学生的不同情况采用不同的教学创意。

　　"活"，可根据学生的不同情况进行不同的教材处理。

　　"活"，可根据学生的不同状况设计不同的课堂活动。

　　"活"，可多角度、多层次地利用课文进行读写训练。

　　"活"，教学创意本身具有灵动而不失严谨的特色。

　　"活"，学生课堂阅读实践的时间更多，学生的活动更自主。

　　"活"，学生在训练活动中可收获丰富多彩的学习成果。

　　……

　　总之，由于教学创意讲究"活"，我们会摒弃人为限定的死板形式与模式，让科学而灵动的教学创意产生生动而丰美的教学效果。

《牧场之国》教学创意设计

"荷兰，是水之国，花之国，也是牧场之国。

一条条运河之间的绿色低地上，黑白花牛，白头黑牛，白腰蓝嘴黑牛，在低头吃草。有的牛背上盖着防潮的毛毡。牛群吃草时非常专注，有时站立不动，仿佛正在思考着什么。牛犊的模样像贵夫人，仪态端庄。老牛好似牛群的家长，无比尊严。极目远眺，四周全是丝绒般的碧绿的草原和黑白两色的花牛。这就是真正的荷兰。

这就是真正的荷兰：碧绿色的低地镶嵌在一条条运河之间。成群的骏马，匹匹膘肥体壮。除了深深的野草遮掩着的运河，没有什么能够阻挡它们飞驰到远方。

辽阔无垠的原野似乎归它们所有，它们是这个自由王国的主人和公爵。在天堂般的绿色草原上，白色的绵羊，悠然自得。黑色的猪群，不停地呼噜着，像是对什么表示赞许。成千上万的小鸡，成群结队的长毛山羊，在见不到一个人影的绿草地上，安闲地欣赏着这属于它们自己的王国。这就是真正的荷兰。

到了傍晚，才看见有人驾着小船过来，坐上小板凳给严肃沉默的奶牛挤奶。金色的晚霞铺在西天。远处偶尔传来汽笛声，接着又是一片寂静。在这里，谁都不叫喊吆喝，牛脖子上的铃铛也没有响声，挤奶的人更是默默无言。运河之中，装满奶桶的船只在舒缓平稳地行驶，满载着一罐一罐牛奶的汽车、火车，不停地开往城市。车船过后，一切又恢复了平静。最后一抹晚霞也渐渐消失了，整个天地都暗了下来。狗不叫，圈里的牛也不再发出哞哞声，马也忘记了踢马房的挡板。沉睡的牲畜，无声的低地，漆黑的夜晚只有远处的几座灯塔在闪烁微弱的光芒。这就是真正的荷兰。"

课型设计：自读课，语言学用课。

学习活动：层进式语言训练活动。

预期效果：灵活，生动，活跃，扎实。

铺垫活动：朗读课文，再朗读课文，了解课文大意。

主体活动：自由勾画，记一组词。

仪态端庄：指神情举止、姿态风度端正庄重。

极目远眺：尽眼力之所及眺望远方。极，即尽；眺，即望。

镶嵌：把一物体嵌入另一物体内，这里指运河和低地交错排列着。

膘肥体壮：形容牲畜肥壮结实。

辽阔无垠：非常广阔，看不到边界，常用于形容大草原。

悠然自得：指悠闲的样子，内心感到非常满足。

教师出示一个写景的句子，请学生学用这个句式对上一个句子，概括课文内容。如：

奔流不息的江河，连绵起伏的丘陵，直插蓝天的雪峰，辽远广阔的草原：真是江山如画！

学生用心读书，自由写句。如：

仪态端庄的牛犊，膘肥体壮的骏马，悠然自得的绵羊，辽阔无垠的草原：好一个田园诗情！

语言学用，写一段话。

要求：把"这样的景色真让人着迷"用在段末，或者把"这样的景色真让人着迷"用在段首，利用、组合课文中的语句，写一段话。

学生可以写如下的内容。

一条条运河之间的绿色低地上，黑白花牛，白头黑牛，白腰蓝嘴黑牛，在低头吃草。牛犊的模样像贵夫人，仪态端庄。老牛好似牛群的家长，无比尊严。极目远眺，四周全是丝绒般的碧绿的草原和黑白两色的花牛。这样的景色真让人着迷。

天堂般的绿色草原上，白色的绵羊，悠然自得。黑色的猪群，不停地呼噜着，像是对什么表示赞许。成千上万的小鸡，成群结队的长毛山羊，在见不到一个人影的绿草地上，安闲地欣赏着这属于它们自己的王国。这样的景色真让人着迷。

这样的景色真让人着迷：碧绿色的低地镶嵌在一条条运河之间。成群的骏马，匹匹膘肥体壮。除了深深的野草遮掩着的运河，没有什么能够阻挡它们飞驰到远方。辽阔无垠的原野似乎归它们所有，它们是这个自由王国的主人和公爵。

这样的景色真让人着迷：最后一抹晚霞也渐渐消失了，整个天地都暗了下来。狗不叫，圈里的牛也不再发出哞哞声，马也忘记了踢马房的挡板。沉睡的牲畜，无声的低地，漆黑的夜晚——只有远处的几座灯塔在闪烁微弱的光芒。

这里有天堂般的绿色草原。极目远眺，辽阔无垠的原野全是丝绒般的碧绿。一条条运河之间的绿色低地上，黑白两色的花牛在低头吃草，成群的骏马膘肥体壮，白色的绵羊悠然自得，黑色的猪群不停地呼噜……这样的景色真让人着迷。

到了傍晚，金色的晚霞铺在西天。远处偶尔传来汽笛声，接着又是一片寂静。运河之中，装满奶桶的船只在舒缓平稳地行驶，过后一切又恢复了平静。最后一抹晚霞也渐渐消失了，整个天地都暗了下来。这样的景色真让人着迷。

这就是真正的荷兰：碧绿色的低地镶嵌在一条条运河之间，深深的野草遮掩着运河。极目远眺，在天堂般的绿色草原上，成群的骏马膘肥体壮。这样的景色真让人着迷。

再读课文，回答一个问题。

教师：读这篇美文，你有什么样的发现？或作者为什么要反复运用"这就是真正的荷兰"这个句子？

作者在用相同的句子活跃文章的结构，抒发自己的情感。

教师指点：这就叫作线索明晰、反复咏叹。

这个教学创意，把对课文的利用做到了极致，把活动的美好做到了极致，把学生的能力训练做到了极致，把教学的灵动多姿做到了极致。

第八节 教学创意讲究"雅"

语文的阅读教学与写作教学，不论是从教书育人还是从阅读欣赏角度来看，都需要关注一个"雅"字。雅，表示语文教学的内容与手法要文雅、优雅、高雅。要在雅致的语文教学中引导学生欣赏文学作品，使他们能够领悟作品的内涵，从中获得对自然、社会、人生的有益启示。要在雅致的语文教学氛围中训练学生的品读能力，使学生对作品的思想感情倾向能做出自己的评价，能对作品中感人的情境和形象表达自己的感受。要在雅致的语文教学氛围中训练学生的赏析能力，使他们能够品味作品中富于表现力的语言，能够感受文学手法的表达作用与表达效果。要在雅致的语文教学氛围中训练学生的朗读能力，让充满情致的朗读训练对学生进行审美熏陶、情感陶冶和气质培养。

下面是笔者关于《赤壁赋》的完整创意设计，作为一个教学方案，它在体例上是创新的，在教学活动的设计上则力求高雅。

《赤壁赋》教学创意设计

一、课文品读

浅识《赤壁赋》中的意味。

这是一篇赋。

这是一首散文诗。

这是一个哲理故事。

这是一篇抒写心情的文赋。

这是一篇因景生情、因情入理的抒怀之作。

这是一个自言其愁而又自解其愁的人生故事。

这是一篇文学与哲学完美结合的佳作。

这是一篇低扬着悲音、高扬着超脱与旷达的赋中名篇。

这是一篇有着优美的意境、动人的情思和深邃的哲理的千古经典。

这是一篇表现作者忧患人生的巨大苦闷和自我解脱的惊人妙悟的作品。

这是一篇借主客问答的方式，抚今追昔，畅述对天地人生之感触的文章。

这是一篇写景、抒情、议论紧密结合，充满诗情画意而又蕴含着人生哲理的高雅的美文。

这是一篇情景交融、虚实相生、文笔灵动、意味深长的课文。

所谓意味，在文学作品的欣赏中，包含着两个层面的内容：一个层面是"意趣""情味"；另一个层面是"作品含蓄的内容中所表达出来的言外之意"。从"意趣""情味"的角度来看，课文中的"意味"，主要表现在：

1. 情境意味。本文情境意味浓郁。作者写夜游赤壁，重在突出视听。"月出于东山之上，徘徊于斗牛之间""白露横江，水光接天""扣舷而歌之""倚歌而和之"等营造的是意境；苏子与客的答问表达的则是情感与思想。于是，读者也好像是在这样一个清风和明月交织、白露与水色辉映的夜晚，在水上荡舟时"如怨如慕，如泣如诉，余音袅袅，不绝如缕"的箫声中，聆听到了这样深刻的主客答问。

2. 古典意味。这种意味，表现在作品的语言之中，表现在用"典"的手法之上。《赤壁赋》对于我们而言，是古典作品；作者创作此文之时，则明引、暗引了不少对他而言也是古典的内容。如"明月之诗""窈窕之章""徘徊""一苇""御风""羽化""月明星稀，乌鹊南飞""逝者如斯"，等等，借以诗化意境，抒发情感，表达感受，表现思想。不仅使语言精练、辞近旨远，而且表现出文学的意味、文化的意味，表现出作品内容的优美、含蓄与古雅。

3. 历史意味。这种意味主要表现在客的一席话语中。因为是赤壁，于是就有了联想。因为是夜游，就自然想到了"月明星稀,乌鹊南飞"。于是由诗而想到了曹孟德,想到了赤壁之战,进而想到了"舳舻千里,旌旗蔽空,酾酒临江,横槊赋诗"的英雄形象。这里是在用典,更是在联想史实。这样雄壮的史诗已经沉淀在历史的江流之中,这样的英雄豪杰已经随着岁月的过往而流逝,这就让客更见己身之渺小,更觉人生之短促,自然生出"哀吾生之须臾,羡长江之无穷"的无限感慨和悲叹。

4. 哲理意味。也许,作者笔下的主客答问,作者笔下客的悲叹,就是为了引出苏子对于人生的思考,这种人生思考因为有了与"悲"的对比和反差而显得哲理深刻。"盖将自其变者而观之,而天地曾不能以一瞬;自其不变者而观之,则物与我皆无尽也,而又何羡乎!"苏子以明月和江水作比,说明世界万物和人生,既有变的一面,又有不变的一面;其实"我"与万物一样,也都是永恒的。既然如此,"长江之无穷"也就不值得羡慕了,也不用叹息"吾生之须臾"了。

5. 人生意味。"且夫天地之间,物各有主,苟非吾之所有,虽一毫而莫取。惟江上之清风,与山间之明月,耳得之而为声,目遇之而成色。取之无禁,用之不竭。是造物者之无尽藏也,而吾与子之所共适。"作者在这里表达的是对人生、对生活的主张。"惟江上之清风,与山间之明月"更多地表现出作者所追求的是精神上的解脱。联系作者"乌台诗案"之后的流放,联系作者所遭受的重大打击,可以由此感受到他的旷达乐观。当然，从"作品含蓄的内容中所表达出来的言外之意"的角度来看，课文内容也是深有意味的。教师教学用书上说本文"含而不露，意在言外，深沉的感情融于景物描写之中，满腔的悲愤寄寓在旷达的风貌之下"，又说文章的"结尾意味深长，既照应了开头超然欲仙的快乐，又是向政敌的一种暗示：'我'虽然遭受迫害，贬谪黄州，但'我'的日子过得不错，既不寂寞也无苦恼。这实际上是一种抗议"，这些都是简明而又深刻的分析。

二、语言卡片

写景美句：

清风徐来，水波不兴。

白露横江，水光接天。

月出于东山之上，徘徊于斗牛之间。

写声美句：

其声呜呜然，如怨如慕，如泣如诉；余音袅袅，不绝如缕。舞幽壑之潜蛟，泣孤舟之嫠妇。

写事美句：

诵明月之诗，歌窈窕之章。

纵一苇之所如，凌万顷之茫然。

写感美句：

浩浩乎如冯虚御风，而不知其所止；飘飘乎如遗世独立，羽化而登仙。

驾一叶之扁舟，举匏樽以相属。寄蜉蝣于天地，渺沧海之一粟。哀吾生之须臾，羡长江之无穷。挟飞仙以遨游，抱明月而长终。知不可乎骤得，托遗响于悲风。

抒怀美句：

桂棹兮兰桨，击空明兮溯流光。渺渺兮于怀，望美人兮天一方。

说理美句：

盖将自其变者而观之，而天地曾不能一瞬；自其不变者而观之，则物与我皆无尽也，而又何羡乎？

且夫天地之间，物各有主，苟非吾之所有，虽一毫而莫取。

惟江上之清风，与山间之明月，耳得之而为声，目遇之而成色，取之无禁，用之不竭，是造物者之无尽藏也，而吾与子之所共适。

三、教学设计

创意：利用课文训练欣赏能力。

活动方式：逐层深入地展开活动。在每个层次的活动中，请学生根据自己对课文的阅读体会，表达对课文内容的欣赏。

课时安排：两个课时。第一课时重在朗读，重在字词的落实；第二课时用于对课文进行欣赏。上述教学创意用于第二课时。

第一课时主要教学内容：初步理解文章内容。

1. 听读课文。

2. 自读课文，读准字音；自读课文，认识难字，理解字意；自读注释，初步理解句意、段意。

3. 朗读课文。

一读，从"段意概括"的角度理解课文的脉络；

二读，从"情感线索"的角度理解课文的脉络；

三读，从"各段表达作用"的角度理解课文的脉络；

四读，从"绘景与抒情议论相结合"的角度理解课文的脉络。

4. 理解课文中的重点词语和重要的文言语法现象。

第二课时主要教学内容：《赤壁赋》文学欣赏。

教学抓手：三个层次的欣赏式话题。

第一层次的话题，从全文看，什么让课文如此美丽？

第二层次的话题，从手法看，如何让课文如此美丽？

第三层次的话题，从语言看，哪里让课文如此美丽？

活动方式：完成话题，根据话题来表达自己的感受与看法。

第一层次的话题，可安排小组活动以达到对课文进行欣赏的目的。

第二层次的话题，以学生个人表达感受的形式来对课文进行欣赏。

　　第三层次的话题，设计师生交流的活动，在交流之中深化对课文的欣赏。

　　活动方式的变化主要是组织形式的变化，目的是既清晰地表现教学思路，又避免教学过程中"一问一答"的单调。

　　第一层次的话题，师生交流的内容可能有：文中的诗情画意与议论理趣的完美统一让课文如此美丽；主客答问的构思方式让课文如此美丽；文章思路的清晰和重点的突出让课文如此美丽；文章以理见胜、关于生命哲理的对话让课文如此美丽；文中情感的起伏抑扬让课文如此美丽；似赋似论似诗又似散文的写作风格让课文如此美丽；文章的声韵之美让课文如此美丽；优美、形象、善于取譬的语言特色让课文如此美丽；首尾的开合让课文如此美丽；文中所展现的豁达乐观的精神让课文如此美丽；等等。

　　第二层次的话题，师生对话中涉及的内容可能有：美在特定场景的设置，写夜游赤壁的情景，展现了一个充满诗情画意的世界；美在通过描述意象、意境来展示一种独特的艺术境界；美在渲染箫声的悲凉，主客触景生情，由欢乐转为悲哀，引起下文主客问答的议论；美在运用主客问答的方式来畅述对天地人生的感触，形成抑扬的波澜；美在以联想和用典的手法表现出了作品的历史意味、人生意味和文学意味；美在情感波澜的线索贯穿全文；美在文章开头的凝练简括和文章结尾的余韵袅袅，等等。

　　第三层次的话题，重在语言的欣赏，可谈及的内容会更多。诸如音韵之美、画面之美、意象之美、炼字之美、句式之美、构段之美、用典之美，以及语言的生动之美、形象之美、精练之美、流畅之美等。教师也可将教学的重点引向对千古名句的欣赏。

　　在以上三个层次的品析之中，每一个层次都应该有教师的示范和课中小结。学生在这个课时中的收获，可谓高雅而实惠。

第九节 教学创意讲究"趣"

"趣教趣学"应该是语文课堂教学中的常态，但教师的趣教、学生的趣学，在现在的语文教学的课堂上见得太少了。有的课堂上，可以听到教师讲的通俗的笑话，可以见到教师着意的煽情，更有甚者，有的教师在整节课上都能让全班学生躁动起来，使课堂上掌声不断……但这似乎都不是趣教。那枯燥无味的导学案，粗糙烦琐的题海，不仅无趣，而且连"教"的味道也没有了。

阅读教学中的趣教，关键在于教师对学生课堂训练活动的设计。课堂活动应该让学生觉得有兴趣、有味道、有吸引力、有参与的可能，应该让学生觉得有挑战、有收获、有成功的愉悦。阅读教学中的趣教，是高雅的、有情味的语文教学，是用艺术的手法对学生进行更有效果的能力训练。比如：背诵比赛，用词写话，修改课文语病，进行微型话题讨论，独立探究活动，课文集美活动，课文发现活动，想象性写作活动，阅读中的论析与辨析活动，对课文中的有关问题进行诠释与证明，能够表现学生个人能力的创意活动等，都是比较有雅趣的课堂活动。笔者有一些教例中的活动设计就能够表现这种雅趣。这样的课不论在城市还是在乡镇，都很能吸引学生，都能让学生很有兴致地投入。

1.《记承天寺夜游》中的微型话题讨论。这篇85个字的课文，除了"月色入户，欣然起行"这个地方要读出一点快乐的色彩以外，还有一个字也需要读出快乐的味道。这个字在哪里？请同学们品析、品读。

2.《狼》的板书设计。板书设计是同学们也可以做的事情，它能够表现同学们的概括能力和创意水平。请同学们用"板书设计"来表现自己对《狼》的独到理解。

3.《夸父逐日》教学中的成语印证。请同学们读课文，用成语印证的方法来认字识词。方法是：请你根据课文中的某个字联想一个含有这个字的成语，且二者的字义是相同的。例如："夸父与日逐走"的"走"与"走马观花"的"走"的意思是一样的。

4.《背影》教学中的课文论析活动。请同学们研读课文，感受文中之情，用举例论析的方式，说明《背影》的语言是抒情的语言。

5.《诫子书》的美感品析活动。请同学们根据教师出示的"《诫子书10美》"的话题，尽可能多地进行美点品析，写出自己的见解。

6.《叶圣陶先生二三事》的微文写作活动。请同学们根据课文写一则文字，介绍叶圣陶先生的写话主张。

7.《中国石拱桥》的课堂练说活动。请同学们阅读课文的第五段，学用"分要点按主次"进行说明的方式说一段话，表达对这段文字的分析与体会。

8.《社戏》教学中的笔法赏析活动。请每位同学写百字左右的一段话，分析课文中"月下"二字的作用。

9. 作文专题训练课《有趣有味的"三部曲"》中的课中漫谈活动。文章写作中有一种形式，大致上可以通过三个步骤完成一篇文章的写作，请同学们回味、思索，介绍一篇你所读过的运用"三步成形"的方法写作的文章。

上述这些趣读的活动，其实都是用富有诗意的主问题来引导学生长时间的研读、思考与表达的活动，这是实实在在的饶有情味的课堂实践活动。

第四章

语文阅读教学设计要领

做追求教学质量的语文教师，就一定要懂得语文教学设计的要领，一是要懂得语文训练目标的重要性，每个单元，每一类文章都有明确的训练目标，离开训练目标，任何语文课都只是在照本宣科了；二是要懂得深刻钻研教材，充分利用课文教学资源，才能组织起真正的课堂训练活动；三是要懂得讲究教学能力，磨炼教学艺术，用艺术的教学设计优化课堂读写活动。

诗歌阅读的教学设计学习目标：

1. 知道诗歌这一文体的基本特征及其阅读价值；

2. 懂得诗歌教学在语文教学中的特殊意义；

3. 能自觉从四个层次设计诗歌阅读教学内容；

4. 培养自己和学生读诗的兴趣与习惯。

散文阅读的教学设计学习目标：

1. 知道文学性散文的特征和语文学习的价值；

2. 能感受散文作者借助独特的言说对象与言说方式所抒发的个性化的情思；

3. 能把握优秀散文作品丰富学生心灵世界的价值。

小说阅读的教学设计学习目标：

1. 知道小说的基本特征；

2. 了解小说的阅读价值；

3. 熟悉小说阅读教学设计原则，并运用到实际教学设计中；

4. 培养自己和学生主动阅读优秀小说的阅读品位。

新闻报道类文本阅读的教学设计学习目标：

1. 理解新闻报道在语文阅读教学中的价值；

2. 能够合理确定新闻报道的教学价值；

3. 熟悉新闻报道阅读教学设计原则，并运用到实际教学设计中。

论述类文本阅读的教学设计学习目标：

1. 知道论述类文本的特征与学习价值；

2. 熟悉论述类文本阅读教学的重点内容；

3. 能运用合宜的方法设计论述类文本阅读教学的方案；

4. 有意识地培养学生的批判性思维。

说明类文本阅读的教学设计学习目标：

1. 知道说明类文本的特征；

2. 熟悉说明类文本阅读教学的价值；

3. 能够熟练确定说明类文本的教学内容；

4. 自觉培养自己与学生科学严谨的态度，善于思考质疑的精神。

文言文阅读的教学设计学习目标：

1. 熟悉文言文的教学价值；

2. 能够根据文言文文本的特点设计合宜的教学目标与教学活动；

3. 感受文言之美，培养学生诵读文言文的兴趣。

整本书阅读的教学设计学习目标：

1. 能体会整本书阅读的意义，了解影响语文课程中整本书阅读的因素；

2. 能根据学情设计有趣味、有挑战性的阅读任务，激发学生阅读整本书的热情；

3. 能够整合听、说、读、写与其他资源，设计综合性整本书阅读的实践活动。

第一节　诗歌阅读的教学设计

在语文教材的篇目中，诗歌是占比例较大的一种文体，这可能源于汉语言音韵方面易诵易背的特点，以及因此而形成的诗歌传统。语言教材一般把诗歌分为古代诗歌和现代诗歌两大类。前者包括古代的诗、词、曲，后者包括自中国"五四时期"以来的白话诗歌和国外诗歌译作。开展诗歌阅读教学，首先需要明确诗歌这类文体的基本特点以及诗歌阅读教学在语文学习中的价值，才能设计合理的教学方案。

一、诗歌的基本特征

在人类文化史上，诗歌恐怕是最早出现的文学形式，朱光潜先生就认为："诗歌的起源不但在散文之先，还远在有文字之先。"《毛诗大序》这样描述言、诗、音乐、歌舞的关系："诗者，志之所之也，在心为志，发言为诗。情动于中而形于言，言之不足，故嗟叹之，嗟叹之不足，故永歌之，永歌之不足，不知手之舞之，足之蹈之也。"这

　　说明，诗歌与人的情感表达需要的关系最为密切。随着生活内容的不断丰富，人类的表达样式也日益多样。孔子就认为不同的文体有不同的表达重点，"《书》以道事，《诗》以达意，《易》以神化，《春秋》以义"（司马迁《史·滑稽列传》），其中诗歌主要是表达情感的。当然，凡是文学艺术都会表达情感，但相对而言，小说以客观地塑造人物形象、冷静地描绘社会生活为手段，思想情感的表达含蓄、委婉；散文往往是真实地讲述个人的一段经历、见闻，通过借景抒情、借事喻理表达在某一个话题上的感受和想法，其重心在写景、记事和悟理上，只有以抒情为重心的抒情散文比较接近诗歌；戏剧文学常常借助人物台词展现社会生活、塑造人物，是对生活场景的模拟。只有诗歌传递情感的方式最直接，它往往由抒情主人公直接传达对世界的感受和对生活的理解，就像艾略特所说的："诗歌是生命意识的最高点，具有最伟大的生命力和对生命的最敏锐的感觉。"

　　人们历来将"诗"与"歌"并称，因为在所有文字形式中，诗与音乐的关系最接近，很多原始的诗都是准备配合音乐的歌词，如《诗经》，宋、元时期的词、曲。至今，不少民谚、童谣还保留着词与音乐的密切关系。歌词要求有韵脚、有旋律，句式相对整齐，形成一种有规律的变化，便于被人感受、记忆，便于口头流传，这就是诗歌讲究韵律和节奏的缘由；诗歌的篇幅一般比较短小，在写作中，人们有更多的时间来磨炼语言，在流传过程中，人们更有可能修改它们。在所有文学表达形式中，诗歌的语言最凝练，也最精致（当然，格言的文字也很凝练，这也与格言的字数少、流传广有关）。我们归纳出诗歌有如下的特征。

1. 以抒发情感为主，是对生命意义和自然美的真实展现。诗歌的主旨一般超越功利和世俗社会实用价值，这应与它的这个本质特征有关。

2. 依靠形象思维，即借助直觉和形象来表达。跳跃的线索、丰富的想象，都是与形象思维有关的。"形象的目的不是其意义易于被我们理解，而是制造一种对事物的特殊感受。"

3. 富有节奏和韵律是诗歌显著的形式特征，诗歌的分行、有韵脚、复沓等形式，都是形成诗歌音乐节奏所需要的。

4. 语言凝练、表达精致、富有个性，是诗歌语言的显著特征。

在古代社会，文字的使用不普遍，而诗歌因短小精练、易记易传，在很长一段时期起着信息传播主流媒介的作用。古人从诗歌中既可了解作者的个人情志和社会风尚，也能学到为人处世的道理，还可以提高语言表达能力。孔子就认为《诗》"可以兴，可以观，可以群，可以怨。迩之事父，远之事君，多识于鸟兽草木之名"（《论语·阳货》）。孔子还说"不学诗，无以言，不学礼，无以立"。可见，那时的诗歌称得上是指导人们生活的百科全书。

二、诗歌的语文教学价值

随着社会生活的发展和文体的丰富，人类生活所需要的许多表达功能渐渐由不同类型的文本所承担。比如，人们要获得资讯，可去阅读新闻；要讨论社会政治，可写时政评论或学术论文；要学习各科知识，可进学校读教材；要提高语言表达能力，可通过语文课来实现，诗歌发挥作用的空间已经被大大压缩。在学校课程尤其是语文学习中，诗歌仍然有其不可替代的价值。其原因及价值有这样几点。

（一）整体感受熏陶比分科知识教学更适合儿童

发展心理学认为，儿童的生理和心理成长，恰似人类发展过程的复演，诗歌在人类文明发展初期所起到的作用，恰恰也适用于青少年教育。例如，儿童更愿意接受儿歌蕴含的道理，而不愿意接受父母的直接教导。大量阅读诗歌，让其中承载的社会知识、为人处世的道理以及语言素养成分潜移默化地影响他们，就非常类似《诗经》在当时社会生活中的教育作用。当然，在实际教学中，在不同的学段，学生所读诗歌的数量、内容及学习重点应该有所区分。

（二）青少年需要快速吸取人类丰富的情感体验

在语文教材里不同的文学类文体中，如果按照从理性到感性、由抽象到具体的程度来排序的话，诗歌无疑是最典型，也是最集中的抒情文本。诗歌因为较少用细节描述，较少受价值观的束缚，有比较纯粹的情感抒发，因而它比小说、散文等文学作品更能超越时代的局限，从而获得持久的生命力。例如，你能说"念天地之悠悠，独怆然而涕下"是抱怨哪一位友人不理解自己吗？你能说"天生我才必有用"是发泄对哪一位当权者的不满吗？你能说"我的眼里常含泪水，因为我对这片土地爱得深沉"是控诉当时的社会黑暗吗？今天，我们也许能讲清楚"黑夜给了我黑色的眼睛，我却用它寻找光明"是针对什么社会现实的，但一千年以后的读者，恐怕看到的更多的是生命的抗争、青春的渴望。从创作上来说，诗歌是个人情绪的瞬间爆发，对读者来说，感受到的却是人类普遍的爱与恨、美与丑、和谐与冲突等情感。比如，屈原的《天问》中的上下求索精神，陈子昂"前不见古人，后不见来者"中的孤独感，戴望舒的《雨巷》中的暧昧情愫，惠特曼在《啊，船长，我的船长》中对英雄的赞美，都是人类的普遍情感。可以说，诗歌是人类某种共同情感借助诗人之笔在瞬间的灵光闪现，通过诗歌阅读，我们在瞬间就可以体验到某种人生情绪的极致。正因为这样，诗歌比其他文体更能超越时代背景，从而获得超功利的价值。

　　中学生正处于快速成长的阶段，最好能用较少的时间获得较多的各类经验，而阅读就是最好的路径之一。如果说中学生大量读小说的主要意义在于丰富社会经验的话，那么阅读诗歌的主要意义就在于积累情感体验。

（三）诗歌对学生表达能力的提高有显著的促进作用

前面提到孔子曾说过"不学诗，无以言"，这句话包含两层含义：一是人们从《诗经》中可以学到很多知识、接触到许多话题，这样他在与别人的谈话中才容易找到共同话语；二是人们从《诗经》中可以学到很多表达方式。诗歌的篇幅一般都比较简短、语言也相对精练。臧克家说："精练就是使语言表现诗人的思想感情，到了恰到好处的地步。多一节就太多，少一节就太少；多一句不成，少一句不成；多一个字不好，减一个字也不好。最后达到调换一个字都会使诗句减色的地步。"精练的语言和有韵的形式容易记诵，这使得诗歌中词句的借用、化用率会远远高于一般文章。因此，阅读诗歌在提高学生的语言表达能力方面具有独特的价值。

另外，中学生阅读诗歌，在培养诗意生活趣味、激发想象等方面，也有很大的价值。阅读诗歌能净化人的心灵世界，这已经是大家的共识。华莱士·史蒂文斯认为，20世纪的人从肉体和精神两个层面上均已变得"如此暴力"，而诗歌则是"一种内在的暴力，保护我们免受外部暴力的侵袭。它是一种反向而行的想象，对抗着现实的压力。说到底，它似乎关乎我们的自我保存，无疑这正是诗歌的文句和声音有助于我们活得像人一样的原因所在"。

三、诗歌阅读教学的重点

阅读诗歌的意义固然很多，但在语文学习中诗歌阅读教学的目标，主要应放在两个方面：一是引导学生丰富情感体验，二是学习诗歌的阅读方法，以便能阅读更多不同风格的诗歌作品。积累语言、培养诗意等其他目标的达成宜在阅读中通过自然熏陶实现。

如上所论，诗歌是专门抒情的艺术。古今中外流传下来的优秀诗歌，相当于一部人类情感生活大全。诗歌阅读教学，应该把感受前人丰富的情感体验、吸取人类精神资源放在首位。在教学设计中，教师可以按以下四个步骤引导学生去实现这一目的。

1. 阅读、判断。即运用语言和逻辑识别能力辨别：作者写了什么？作者是怎么写的？作者为什么写？

2. 对接体验。即将自己平时的情感体验做样本，与诗歌中的情感进行比较，产生共鸣，使诗作中的情感体验变为自己的情感内存。比如，杜甫的"一览众山小"，写的是登上泰山的体会，你没有登过泰山，但是你可能登上过其他山或高楼，照样可以体会那种居高望远方、万物入胸怀的境界。

3. 升格储存。即把阅读一首诗歌得来的具体的个性化的体验升格为人类共同的情感类型并纳入你的感情内存。

4. 运用抒发。即将内化了的情感体验换一种形式，去理解社会人生的幽微之处、增强情感表达的细微度和深度。

这四个层次的情感处理过程就像电脑的工作程序，分别完成文件扫描、意义辨识、储存处理、提取运用。我们以往的诗歌教学比较多地停留在第一个层次，即通过大量的词句分析和背景介绍，千方百计去弄清楚作者到底说的是什么。至于这首诗跟"我"有什么关系，跟今天的生活有什么关系，则涉及不多。不少诗歌阅读测试题也存在这个问题，多数题目是让学生说出"作者为什么要这样写""好在哪里"，很少问"这首诗能用来描绘今天的哪种情境""如果你写的话会用什么词语"，这就没有充分开发诗歌的教育价值。

对诗歌的阅读教学，有人反对把"理解诗歌内容"作为主要教学目标，认为"教诗歌内容的理解就是教错了"。其实，教学价值大小不在于教内容还是教表达，而要看确定的教学内容需不需要教。学生一读就懂的内容、一看就明白的表达，都是不需要教的。反过来说，课堂里虽然教的是诗歌的内容，但是，如果一节课能引导学生从一首诗作起步，又能超越这一首、这一诗人、这一时代，使学生的理解达到一种历史的厚度和生命的深度，在学生的心灵深处留下印痕，功劳也是很大的。

《登幽州台歌》教学设计

教材分析

　　中国古典诗歌历来都是以抒情为传统的，完全讲理的诗歌很少，著名的就更少。《登幽州台歌》是一篇难得的具有思辨性的对个体审视的古诗，短短四句便道出了人生的永久孤独感。

教学目标

　　分析文本中主客体之间的关系，使学生能够认知到文本的主旨：个人的永久孤独感，以及对永久孤独感有清醒意识，由此产生无限空虚感。

教学重点、难点

　　重点：从主客体关系理解文章主旨。

　　难点：理解主体对永久孤独感以及由此产生的无限空虚感。

教学流程

　　教学流程如表4–1所示。

表4–1　教学流程

教学环节	教师活动预设	学生活动预设	设计意图
导入环节	1.问题：同学们，你们在日常生活中感到过孤独吗？你认为何为孤独？（让大家沉思一会儿，请2~3个学生回答。）	学生多会回答有过，不过都说不清孤独究竟为何物，多会感性地说出一些实例。	1.搭建日常感受与理解本文的平台。使学生对主旨会有些明

续表

教学环节	教师活动预设	学生活动预设	设计意图
	2.引出文本：从学生的回答中选择典型事例，追问原因，激发对孤独的认识。借此引出文本。	若有学生回答从未体验过孤独，则用一些实例来引导他们认识自己曾体验过的孤独，如独自一个人在一个地方所具有的悲观和隔世之感。	晰和贴切的感受。2.引出文章。
解析文本	1.阅读文章，找出文章中的主客体。教师在黑板上画出"板书1"，请2~3个学生回答主客体。2.介绍"板书1"的情况：时间轴、三维坐标所在，请学生在练习册上画出类似图画，并在上面填上"天""地""幽州台""我""古人""来者"所在的位置，选2个学生在黑板上画。3.学生画图完毕，教师纠正一些定位和表述的错误，使关系图明晰可识，即"板书2"。4.分析主客体之间的关系：（1）"前不见古人，后不见来者。"从时间的角度来审视自身所在的位置。两者皆不见，自身	1.学生默读文章，找出主客体。多数学生可以找出主体为"我"，客体为"古人""来者"，漏掉客体"天""地""幽州台"。也有学生能找全。若都未找全，老师补出剩余的。2.学生能理解板书上的代表，并能够准确定位主客体的所在，可能主客体的表示方法不同（有的是把主客体的形象画出，有的用文字代表），也可能有定位错误。3.通过学生的听课表情来观察学生	1.使学生熟悉文本，找出主客体，为下面找主客体之间的关系做准备。2.以主客体关系图为基础，让学生掌握分析主客体之间联系的方法。3.利于学生对关系图的规范使用。4.从三个层次分析个体孤独感：（1）联系文本来解释个体永久孤独感在文本中的体现，使

续表

教学环节	教师活动预设	学生活动预设	设计意图
	与"古人""来者"都有莫大的距离，无法与"古人""来者"共时，在时间上就剩下了孤独一人。"念天地之悠悠"，天高不可触，地广袤无边，个体在其面前只有兴叹和畏惧，在空间上个体也是孤寂一人。也就是在时间与空间组成的坐标上，作者只能是一个孤独的点，即交于"幽州台"这一点，与其他个体永远不可相交或重叠。所以最后作者才"独怆然而涕下"。 （2）作者的永久孤独感亦是可以复制的，具有普遍性。我们可以把这个关系图延伸下去（在关系图旁边又画了一个关系图，即"板书3"），两者的不同只是个体的不同。"古人"和"来者"只是相对的符号，这样诗歌就营造了一种一代又一代的孤独循环。 （3）体会空虚感和悲观的来源。一句"独怆然而涕下"即覆盖了所有欢乐的虚无之感。人在明白了存在的孤独之后，	是否听懂，并重点强调文本的作用。	学生掌握文本重点。 （2）通过关系图来认识个体永久孤独感的普遍性，强化学生对文章重点的把握。 （3）对文本做更深层的解读，使学生体会到孤独感带来的悲伤。此为文章的难点。

续表

教学 环节	教师活动预设	学生活动预设	设计意图
	便会意识到交流是一种 不可能的事情。		
延伸 讨论	1.用演示文稿展示屈原的 《楚辞·渔父》,让学生讨 论"举世皆浊我独清, 众人皆醉我独醒"与 《登幽州台歌》所表达的 异同。屈原表达的只是 俗世的孤独,陈子昂感 受的则是永久的孤独。 2.讲述:俗世的孤独多是 由于别人不了解自己, 或由自身遇到挫折而产 生了无助之感导致,是 偶尔的、随事件而发生 的。而个体永久的孤独 感则是谁也不能逃避的, 意识到的人会因此更加 绝望。	1.学生以前后座位 4个人为一组进行 讨论。学生多会 回答"两者都是 要表达一种个体 的孤独感受,但 屈原的感受只是 针对现实的,而 陈子昂的感受则 是哲学思考的结 果"。 2.学生基本上能够 对个体永久孤独 感有深刻的体会。	1.拿《楚辞· 渔父》做比 较,引出尘 世引发的孤 独感与个体 永久孤独感 的不同。 2.通过个体 永久孤独感 与普通孤独 感的比较, 学生将对个 体永久孤独 感有更明确 的认识。
课堂 小结	梳理关系图的结构,分 析个体永久的孤独感, 深化个体感觉到孤独的 永久性之后所具有的虚 无感和悲伤。	教师逐步询问, 学生共同回答。	回忆本课内 容,加深对 课文学习的 理解。

板书设计

板书设计如图4-1、图4-2、图4-3所示。

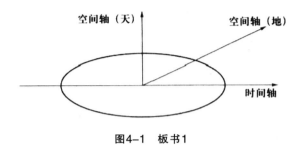

图4-1　板书1

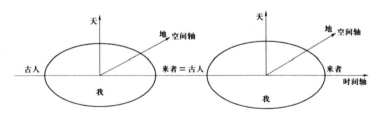

图4-2　板书2

图4-3　板书3

作业设计

1. 必做题

唐代崔护有《题都城南庄》一诗："去年今日此门中，人面桃花相映红。人面不知何处去，桃花依旧笑春风。"与《登幽州台歌》相比，这首诗也有"物是人非"的含义，请同学们比较两者在表现这同一主旨时，有何不同，进而思考"物是人非"这一文化主题，与个体永久的孤独感有何异同。

2. 选做题

（1）阅读萨特的《存在与虚无》中的导论部分，了解"存在"的含义。

（2）阅读《红楼梦》一书，理解贾宝玉化风化灰、眼泪埋葬的说法。

四、诗歌阅读的教学问题与对策

（一）学生对现代诗歌不感兴趣

不少教师反映，现在的中学生普遍对诗歌不感兴趣，尤其是现代诗歌。这也导致一些教师在教诗歌单元时不够自信。

学生对现代诗歌不感兴趣，有多重原因。从阅读发展史的角度看，这种现象是诗歌这一文体地位整体下降造成的。在文学史乃至整个中国的表达史上，诗歌曾经长期占据第一文体的地位。而近代以后，诗歌的主导地位逐次被小说、报刊新闻、电影电视节目、网络文体取代，而现在，在手机上看微文更成为很多人的阅读方式。另外，功利化的文化追求，也抑制了人们对诗歌阅读的需求。诗歌满足的是内心丰富的需求，通过诗歌学习换得实际利益的可能大大低于信息类文体。还有，入选语文教材的现代诗歌与学生的生活有不小的距离，并且也未必是经典作品。这些因素都会影响学生对诗歌的学习兴趣。但作为一个语文教师，发挥自己的积极影响，去增强学生对诗歌学习的亲近感，也还是有很大空间的。

第一，教师自己要对诗歌心怀敬意，如果一个教师在讲课时也不时表露出对诗歌的轻视，那么对学生认同诗歌的价值是极为不利的。

第二，在教学设计或教学行为上，应表现出对诗歌的偏好，如经常提到诗人的名字或作品、引用诗歌名句、鼓励学生写诗歌，以此褒扬诗性的生活观念等。

第三，注意教学方法，如在教学中少一些知识讲解和字句分析，多一些吟诵、体悟。

第四，补充更多优秀的现代诗歌，安排诗歌朗诵会等活动，增加学生与诗歌接触的机会。

(二) 学生难以进入诗歌的情境

有些教师的诗歌阅读教学课常常会出现这样的情形：教师沉浸在一首诗歌中自我陶醉，而学生则无动于衷，师生之间不能产生共鸣。

从教学设计和教学实施的角度看，造成这种现象的一个重要原因是，教师对诗歌的特点认识不到位，教学活动设计有缺陷，学生在情绪上没有做好必要的准备。教材中的诗歌与现实生活之间至少存在三重距离：一是诗歌内容的距离，教材中大多数诗歌反映的内容与学生的生活有很大的时空差距；二是价值取向的距离，诗歌多偏向非功利，而学生面临的则是升学竞争等压力；三是语言形式的距离，诗歌语言不同于日常生活中的语言。这三重距离决定了学生在阅读诗歌时，比阅读与生活内容接近的时文和与生活语言一致的小说，需要一个更长的准备阶段。因此，在诗歌的教学设计中，情境设置以及心理转换环节不能少，应该用充分的时间、有效的方式让学生调整情绪，顺利进入诗歌的具体情境。

（三）以诗歌理论介绍代替学生的阅读感受

诗歌鉴赏有两千多年的历史，古今中外都有不少诗学理论，而现代诗歌风格流派众多，不少流派背后都有一定的社会背景或理论主张，譬如西方的印象派、中国的朦胧诗。借助一定的诗歌知识帮助学生更好地理解作品，是值得鼓励的。但是在教学设计及实施中，教师要注意知识介绍与作品分析及作品诵读的关系。诗歌阅读教学的一般原则是：以诵读为基础，以作品分析帮助理解，让诗歌理论服务于作品理解，在理解的基础上进一步诵读、记忆，促进整体感受。因此，无论在教材编写中还是在教学实施中，知识都应优化选择，做到简化头绪、重在运用，有利于更好地理解诗作的知识才是有价值的。

第二节 散文阅读的教学设计

散文是深受读者喜爱的文体之一，在语文教材篇目中占有很大的比例。散文有广义与狭义之分。广义的散文是与韵文相对而言的，凡是不押韵或不重视骈偶的文章都可以说是散文。狭义的散文则是指小说、戏剧、诗歌之外的一种文学类型。本课中的散文概念当为后者。一般认为，散文的题材几乎不受什么限制，凡社会见闻、人生经历、外出游历、读书心得、艺术感受、闲暇冥想、政治见解，无不可以入题，因此散文阅读可以积累自己的人生经历。散文写作也很少受格式、叙事技巧等因素的制约，因此，通过散文阅读我们很容易体会作家的真性情，并丰富自己的感情世界。散文也是最能展示作家语言个性的文体，因此，品味散文的语言，可以磨炼语感，建构情感与语言的联系。这些正是散文教学的重点内容。

一、散文的文体特征

一种文体之所以被认可独立成体，在于该种文体具有一些区别于其他文体的质的规定性。一般来说，诗歌是内在的抒情性和外在韵律的结合；小说是用相对冷静、客观的态度讲述虚构的故事；戏剧（剧本）是以人物对话演绎故事。但是，人们对散文的本质特征却没有一致的认识。我们梳理下来，大致有以下几种说法。

1. 散文篇幅短小、取材广泛、笔调灵活、形散而神不散。这是人们对散文的一种整体印象，但是以此概念并不能将散文与其他文体（比如微型小说、广告）做区分。

2. 散文是最自由、最见个性的表达方式。中国现代散文有两个源头。一是西方启蒙思想家的写作实践。1850年，法国散文作家蒙田出版过一本作品集，其名为*Essais*，翻译成汉语即是《随笔集》，essais一词的原义是"尝试"，即没有规则、没有限制，表示该文集中的文章是一种随心所欲的、探索性的写作成果。二是中国古代小品文。明清时期的小品文，从形式上说，它既没有格律、用韵，也不像八股文那般严谨；从内容上说，它没有明确的实用目的，而是以记录自己见闻或抒发内心感受为主。中西方散文的共同特点是：个性化地、自由地表达。没有哪一种文体像散文这样最直率、最不加掩饰地体现着作者的喜怒哀乐、生命意义的定向、生命意义的追问、生命意义的创造。

但"自由表达"的说法，并不能将散文与诗歌等文体严格区分开来。同时，这一说法过于宽泛，对散文教学设计的帮助不大。

3. 散文是非虚构的表达文体。人们发现，散文与小说在讲述方式上存在着明显的不同，小说讲述一个现实中不存在的故事，而散文讲述作者自己的经历，这就是散文的非虚构性。美国的一些语文教材就是这样定义的：散文就是非虚构的简短写作，作者借散文来表达个人看法或主张。

但是，无论真实还是虚构，只适合用来衡量那些有时间线索的叙事作品，比如《小狗包弟》《登泰山记》等记事散文，却无法涵盖那些故事性不强的，也就是我们平时所称的抒情散文和哲理散文。因为后面所说的两种散文中一般都没有人物和事件，例如培根的《论人生》等。

4. 散文是相对的概念，只有在与小说、诗歌等其他文体的比较中才能把握今天我们所用的散文文体名称，其实是从古代大量的写作实践中慢慢进化出来的，这些文体名称、概念、内涵虽有不同，但文体之间并没有截然的区分。把散文放到人类写作活动的整体坐标上，我们可能更容易准确地理解它的内在规定性。散文可以被看成介于诗歌与小说等文体间的一种过渡性文体。诗歌专于表现主观情感，小说专于客观再现社会生活。散文以真实记录为基础，又落到情感传达上。它抒情的一端与诗歌紧密相连，其代表形式是散文诗，如鲁迅的《野草》；叙事的一端与小说紧密相连，其代表形式是以第一人称叙述的见闻类小说，如沈从文的《湘行散记》；有的散文还接近论说文，如马南邨的《燕山夜话》。季羡林等对散文这一"中间性"的特点有过论述，对我们认识散文的特质有所启发。

二、散文阅读教学目标的确立

如何能比较快速、准确地把握一篇散文的特征，从而确立这篇散文的教学目标呢？一种方法是借助关于散文的知识去衡量、分析它。一个教师应该具备的散文知识和解读过程如下。

1. 知道散文与其他文学文体之间的联系和区别，熟悉描述散文的常识。

2. 选择那些特征鲜明的、典型的散文文本作为教学样本。

3. 用基本的文体知识、概念去衡量、分析一篇散文，看看能否概括其文体特征。

4. 从上述分析中选择最合理的一个角度，作为一个教学单元的教学目标。对散文特征及相关知识的理解，不妨借助表4-2。

表4-2 对散文特征及相关知识的理解

维度	特征	基本知识	例文
性质	非虚构	观察者、记录者、讲述者	鲁迅《呐喊自序》
内容	经历、感受、思考	结构、立意	朱自清《荷塘月色》
结构	片段见闻+主旨	形与神	鲁迅《纪念刘和珍君》 余光中《听听那冷雨》

维度		特征	基本知识	例文
类型	抒情散文	情与景的关系	直接抒情、间接抒情、借景生情、缘事说理、托物言志、意蕴、理趣	朱自清《春》 老舍《想北平》
	记事散文	事与意的关系		鲁迅《从百草园到三味书屋》 史铁生《秋天的怀念》
	说理散文	事与理的关系		鲁迅《拿来主义》

即使理解了散文的概念和内涵，教师一般还是觉得难以确定一篇具体散文的教学目标，因为每一篇散文都是独特的。教师不妨暂时抛开所谓的概念和知识，而从自己的阅读感受出发，去领悟这篇散文最打动你的地方，而这个最打动你的所在也可能是最值得学习的地方。

1. 可能是一种强烈的情绪。如《秋天的怀念》里的自责之情。

2. 可能是一幅难忘的画面。如《背影》里父亲的背影。

3. 可能是一个难解的疑问。如在《老王》里，"我"为什么对"他"心生愧疚？

4. 可能是一种明显的结构样式。如《从百草园到三味书屋》的前后对比。

5. 可能是一种独特的语感。如《安塞腰鼓》用排比句式营造出的气势。

当然，散文知识和阅读感受都不是绝对的，大家最好能将阅读感受与散文知识结合起来，去发现隐含在一篇散文中的内涵与情感。

三、散文阅读教学设计和教学实施

散文的教学设计和教学实施，可参考以下要点。

1. 散文常常是一个人的生活见闻、情感变化或思想轨迹的记录。对这三种历程的记录，因侧重点不同，分别对应叙事散文、抒情散文和哲理散文。因此，散文解读及教学设计，首先要梳理这个过程，使学生顺着作者走过的路程、情绪变化过程或思想过程走几遍，渐渐感受其中的意蕴。比如鲁迅的《藤野先生》，先写他赴东京求学但失望，然后到仙台求医却感受屈辱的经历，而在他由失望到绝望的人生旅途中，给他温暖和支撑的便有藤野先生。因此，对《藤野先生》的解读应建立在梳理作者所描绘的这段经历之上。

2. 散文所叙述和描写的往往不仅仅是眼睛观察的过程，更是心灵的蜕变历程。因此，散文教学最重要的一步，就是引导学生走进作者的心灵世界，体验作者的喜怒哀乐，如《藤野先生》的情绪，就经历了由疏离到厌恶、从悲凉到愤怒、从迷茫到警醒的几个过程。散文阅读教学应引导学生与作者对话，理解作者的独特感受，教学活动应多一些阅读、多一些体验，少一些知识介绍和概念分析。

3. 一篇好的散文，一定有许多值得学习之处，如奇特的见闻、丰富的内涵、广博的学识、个性化的语言。教学设计可聚焦于一点，不必面面俱到。

4. 散文贵在真实，要设法设置真实情境、采用恰当的方式，让学生走进作者的内心世界，但也不必追求花哨的技巧，一开始最好不要做结构、词语等技术分析。

5. 散文是对生活的独特感受和个性化表达，语言品味一直是散文阅读教学的重点，应尽量借助其独特的语言去理解文本的旨意、体会表达特点，而不是空泛地感受。古人云，"文无定法"，这种说法尤其符合散文。因此，无论主旨是内容理解还是语言品味，只要真诚和言之成理，教师就都应该尊重学生的独特发现，不必强求标准答案。

《荷塘月色》是一篇经典课文。本案例是上海教育出版社试编语文教材（2007年版第二册）中有关该文的学习活动设计，其目的是通过这篇课文两课时的教学，帮助学生知道阅读这一类抒情散文的两个关键：一是对作者情绪轨迹的梳理；二是通过对核心意象的感受、分析，把握借景抒情散文的意蕴。

《荷塘月色》教学设计

准备与预习

1. 上网查阅1927年7月前后的中国社会现状和朱自清先生个人的生活状况，筛选主要信息，抄录其中3~5条事实。

2. 反复朗读课文，感受荷塘风韵，欣赏月色之美。

整合与建构

1. 画出作者夜游荷塘的活动轨迹。

（1）圈画出文章中表示地点的词语。

（2）用线段依次连接这些地点。注意，按照作者在这些地点活动时间的长短确定线段的长度。

2. 轻声朗读第4、5、6自然段，完成学习活动。

（1）填写表4-3。

表4-3 作者的主要思路

段落	主要景物	描写景物的语句	作者视线的变化
第4自然段			
第5自然段			
第6自然段			

（2）用几个词语概括作者所选景物的共同特征。

（3）荷塘周围应该还有别的景物，作者为什么没有写它们？

3. 阅读作者从荷塘回到家这部分文字。

（1）作者写离家和回家的活动过程有什么不同？说说其中的原因。

（2）想象作者回家路上的步履、神态等。

（3）用简洁的语言概括作者回忆江南的思绪痕迹。

4. 感受作者情绪的变化。

（1）朗读文中描写景物的语句，体会作者情绪的变化。

（2）作者在哪些地方、面对哪些景物时的情绪较高，何时何地情绪较低？

（3）选用合适的词语分别描述作者在不同地点的情绪。

5. 描绘作者情绪的变化过程。

（1）以先前所画出的作者活动轨迹为坐标的横轴，以情绪高低为纵轴，画出作者情绪变化的曲线。

（2）找出作者情绪的转折点，体会并说说作者在这些转折点上的情绪。

（3）讨论作者的活动空间与情绪变化之间的关系。

6. 作者心中的荷塘。

（1）读一读描写荷塘的文字，用自己的话概括作者笔下荷塘的特点。

（2）想象并描述作者面对荷塘时的神情。

7. 作者心中的家。

（1）作者与家有关的心理活动有哪些？

（2）想象作者在家这个活动空间里的情绪。

（3）作者最终还是不知不觉回了家，为什么会"不知不觉"？

8. 荷塘与家的寓意。

（1）作者在文章中着力描写了荷塘上的景色，为什么没有直接描写家的情境？

（2）第3自然段是作者由家走向荷塘的心理历程，其中有不少相对或相反的词语，这些词语与家、荷塘是什么关系？

拓展与应用

1."这几天心里颇不宁静"作为文章开头，它有什么作用？

2.有套教材在编选该文时删去了"梁元帝《采莲赋》……可见当时嬉游的光景了"这段文字，评价编者的删减是否合理。

3.背诵课文第4、5自然段。

《荷塘月色》历来是很多教师在开研究课、观摩课时喜欢教的一篇课文。不同教师设计的教学目标不同，有借此文教学生进行对角度描写景物的，有教学生赏析优美的语言的，也有教学生在朗读中体会作者心绪、情感的。

上面这一组学习活动，从显性的活动轨迹的梳理开始，进而发现隐性的情绪变化，因为厘清了作者情绪变化过程，就容易理解作者在文章详略处理上的用心了。例如，作者在回家的路上联想到《采莲赋》《西洲曲》，由此将自己在荷塘边时的淡淡的喜悦之情逐渐转到不知不觉回到家时淡淡的惆怅之情。以前有套教材删除了这一部分文字，这是不可以的，文气断了，有研究者戏说"删除这部分文字，朱自清就回不去家了"。

在厘清作者情绪变化的轨迹之后，再深入探究作者在家和荷塘这两个核心意象中所寄寓的内涵。作者在家中心里是颇不宁静的，妻"迷迷糊糊地哼着眠歌"；作者在夜游荷塘之后回到家中，发现"什么声息也没有，妻已睡熟好久了"。总之，这个家没有传递出对"我"的关爱，不像《荷花淀》中有"门还没有关，丈夫还没有回来"那样的体贴、温馨。从某种意义上讲，家象征着现实生活，而荷塘恰似一个自由的天地，是只属于这个人自己的精神空间。只是荷塘永远是刹那的，在不知不觉中，每个人总是会很快就回到现实中的。

以上设计从作者的情绪变化这个角度出发来理解文本，比较好地抓住了抒情散文阅读教学的关键。

四、问题与对策

（一）不能辨识一篇散文的主要特征

面对一篇散文，教师"不知道到底教什么"之所以普遍存在，有一个重要的原因，就是从一篇散文文本中可以挖掘的教学点可能有许多，而越是篇幅长的、越是含义丰厚的、越是经典的文章，教学点就越多，可以是整体感受，也可以是思路梳理或语言品味等，但这些都没有抓住散文这一文体的根本特征，而是对每一个文本都适用的教学目标。另外，经典散文的教学点越多，我们往往就越不知道教什么，于是陷入了丰富的烦恼和选择的痛苦之中。其实，哪怕再经典的教材，确定教学目标都不能面面俱到，这时只要在该文的内容或语言特点的大致范围内，选择一两个突出的特点进行教学设计就可以了。例如，对《听听那冷雨》这篇散文，重点可以是揣摩作者的情绪变化，也可以是体会雨的各种意象，还可以是赏析描写雨的词语，或者分析创造性句式的结构规律，都可以实现从一点领略全篇的目的。当然，这些都要在反复阅读的基础上进行。教师不妨采取这样的策略让学生深入阅读，课堂上重点点拨，课后让学生分专题研讨。

经过一堂课的学习，学生如果在某一点上有所收获，这堂课的教学就是成功的。至于选择什么样的教学点价值更大，教师还是应该基于对散文特征有一个明确的认识来确定。

(二) 将语文学习中的阅读等同于生活中的阅读

在散文教学中，有一种现象是比较普遍的，即教学目标停留在对散文内容的理解上。有人说，散文最大的特征是个性化抒发，是作者生命价值的真实体现。这样理解散文的价值大体也是不错的。从这一点出发去挖掘散文的教学价值，借助散文作品了解作者的独特经历，感受作者独特的体验，就顺理成章了。的确，好的散文是作者要把自己见识过的场景和人物介绍给读者，把独特的生活感悟告诉读者。这样的散文可以丰富读者的人生阅历，提高他们的思想境界。我们不妨把教学目标设计成理解散文内容、感受作者思想。要提醒大家的是，入选语文教材的篇目都是发表多年的散文名篇，这些作品在创作及发表的当初，应该是内容新颖、感受独特，能给人新知或新思考的。但是，现在的媒体信息越来越丰富，文章里介绍的许多景物在今天已经变为常见的景观了，比如《泰山日出》描写的日出景象；一些当年的新观点在今天可能已经是常识了，比如《囚绿记》里对生命自由状态的思考。因此，再把理解散文内容当作主要教学目标就显得不够了。

　　语文学习中的阅读区别于生活阅读的一大特质是，最好能通过一篇文章的学习，在弄懂一篇的基础上认识一类文章的特点，去获得关于这类文章的阅读策略，或借鉴其中的表达策略，以提高自己的阅读和表达水平，这才是高效的语文教学。

第三节　小说阅读的教学设计

在一般人的生活阅读中，小说应该是位居前列的一种文体。与这种情况相似，在语文教材中，小说所占的篇幅也比较多。小说阅读教学的效果，对语文学习有着重要的影响。小说属于叙事艺术。叙事艺术包含神话传说、叙事诗、小说、戏剧、影视，其核心要素是"故事"。而小说是叙事艺术中的基础形式，戏剧、影视等叙事艺术常常以小说为蓝本。小说要讲故事，以此区别于说理的论文、抒情的诗歌。小说讲的是虚构的故事，它的人物、情节是参照生活的样子想象出来的，以此区别于基于真人真事的新闻报道和散文。小说是用语言文字讲述的虚构故事，以此区别于评书、戏剧、电影、电视。小说有三个要素：人物、情节、环境。

一、小说的文化功能

从文化史的角度看，几乎每个民族都发展出了自己的叙事艺术，其中小说对促进人类文明发展有许多特殊的文化功能。

（一）历史记录功能

最早的叙事大多讲述先民的故事，即通过口口相传的形式记录各民族上几代人的迁徙史，再现先民的生活风貌。真实经历在流传过程中加上了一定的想象，便渐渐变成了虚构的故事。

（二）传承文化功能

小说是对社会生活的记录，通过这种记录以及后来的阅读，大量生活信息得以传播，这有利于民族文化的传承。另外，大范围的名著阅读可在读者中产生共同话语，从而促进"想象的共同体"的建构。

（三）教化与劝喻功能

通过编故事、讲故事，作者可以表现对社会及人生的态度，以便影响他人，这就是小说的教化与劝喻功能。梁启超认为，小说具有"熏""浸""刺""提"四种力量，他还提出"欲新一国之民，不可不先新一国之小说""故今日欲改良群治，必自小说界革命始"的主张。近代以来，中华民族每遇生存危机或历史转折点，小说影响社会的功能便屡次被借重，从20世纪末的五四新文化运动到"文化大革命"结束后的思想解放运动，小说都发挥了巨大作用。

（四）愉悦大众功能

讲故事能直接作用于人的感官，让人沉浸于悲欢离合的故事中，感受他人的喜怒哀乐，暂时与所处的现实生活脱离关系，忘记眼前的烦恼，从而起到减轻压力、愉悦身心的作用。在传媒不发达的时期，"说书"总是能吸引大量居于社会底层的人，部分奥秘就在这里。

（五）促进社会反省功能

小说是对社会生活的反映，小说通过故事把人自身当作描述对象，等于用"镜像"的形式把人这个主体放在一个客体的地位供自己审视，有利于人们反省自身的缺陷和社会问题，从而可促进社会进步。例如，美国女作家斯托夫人写的反映美国黑人奴隶悲惨处境的小说《汤姆叔叔的小屋》，就促使一部分白人反思黑奴制度，对美国的废奴运动产生了重要影响。

二、小说的阅读价值

对于一个普通读者来说，阅读小说的意义有以下几个。

（一）丰富人生阅历

一个人的生活时空相当有限，借助小说阅读则可以在很大程度上弥补这一局限，丰富阅历、增长见识。例如，借助《红楼梦》，我们就可以穿越到清代的大家族里；借助《乱世佳人》，我们就可以了解美国南北战争时期的社会生活。

（二）有利于自我反思

借鉴小说中人物的经验教训，我们可以帮助自己建构起善恶、美丑、是非观，反思自身的问题，施行自我教育。

（三）构建精神生活方式

王安忆认为：小说不是现实，它是个人的心灵世界，这个世界有着另一种规律、原则、起源和归宿。小说的价值是开拓一个人类的神界。走进这个虚拟的世界，读者既与书中人物对话、与作者对话，也与另一个自我对话，这种精神活动对培养读者审美趣味、促进其精神成长很有帮助。

（四）满足娱乐需求

借助他人的故事，读者得到心理上的刺激与情绪的释放，产生精神愉悦感。

（五）开发想象能力

小说是凭借虚构创造出来的另一个世界，读者在读小说的过程中，既能体验虚拟世界的奇妙，又能参与人物、故事的再创造，有利于开发其想象力。

（六）积累语感和借鉴表达方式

语言感知能力与表达能力往往与阅读量成正比。由于小说篇幅往往较长，大阅读量对学生的语文素养的提升有重要帮助。

不过，随着媒体越来越发达，人们的阅读方式已经发生了很大变化，比如小说的娱乐价值、社会认知价值，部分已经被电视、网络、手机媒体中的影像作品取代了。但是，在语文学习中，小说仍然具有不可替代性。一方面，在阅读书面材料包括阅读小说的过程中，读者可以就某些篇章反复阅读、深入体会。另一方面，相对于观看影像作品，在文字阅读过程中伴随着较多的思考、想象、推理，这是一种更主动的阅读方式。这对读者深入体验小说的情境，思考社会与人生，促进自我反思，助力精神成长，获得语言感觉，促进思维发展等，仍然具有巨大优势。

三、小说阅读教学设计的原则、目标与内容

小说阅读教学设计的原则首先是教师做设计时要注重小说的阅读价值；其次是教师要帮助学生掌握必需的小说相关知识，建构小说阅读的图式。阅读一篇小说，如果能在丰富阅历、促进反思、增长见识、积累语感等方面有一定收获，就应该算是有效的阅读了。

课堂阅读与生活阅读有很大的不同。首先，用于语文教学的小说往往是专家精心挑选的小说名篇。其次，语文课程中的小说阅读教学有明确的目的，即按照一定的课程计划以及单元目标开展，服务于整体育人计划，而不是零碎的毫无关联的阅读。最后，它是有教师指导的相对精细的阅读，而不是一目十行地浏览。

这些特点决定了小说阅读教学不仅仅是为了让学生读懂课文里的"这一篇"，还应该有更高的目的。我们不妨把小说阅读教学的目标与内容分为以下几种，这也是开展小

说阅读教学设计可参考的路径。

　　1. 借助一篇典型的小说，理解小说中的人物、故事，并借助这一篇的阅读，透视人物所生活的世界，丰富生活体验，认识社会、人生。这是突出小说阅读教学的社会认知价值。

　　2. 在理解故事的基础上，把握小说主旨，并借小说主旨延伸思考当下社会、人性或反思自身的问题，提升思考能力和思想境界。这是突出小说阅读教学的思想提升价值。

　　3. 借助优秀小说的表达形式，培养语感，提高表达能力。这是突出小说阅读教学的语感学习价值。

　　4. 解剖一篇小说，探索某一类小说的语言表达特点，了解人类思想表现的规律，学习高效小说阅读的策略，建构小说阅读的图式，为更好地阅读小说服务。这是突出小说阅读教学的图式建构价值。

　　在平时的小说阅读教学中，教师做的较多的是引导学生分析人物形象和把握小说主旨，部分教师在透视小说描绘的社会图景和借助小说的思想提升学生的境界方面做得较好。相对比较缺乏的是最后一种，即借助小说的某些知识，帮助学生认识小说的语言表达特点，建构小说阅读的图式，为学生自主阅读更多小说做准备。

　　近年来，人们开始注意从小说知识的视角来设计小说阅读教学，以达到让学生学会阅读小说的目的。较有特点的是人民教育出版社2005年推出的高中选修教材《外国小说欣赏》（曹文轩主编），在该教材中，编者用与小说有关的"叙述""场景""主题""人物""情节""结构""情感""虚构"八个关键词，把选文组织成一个个学习专题；在每一个专题中，再列出几个重要概念（该教材称"基本话题"），分别介绍一些相关知识，有的在基本话题下又列出了一些次级概念（该教材称"延展话题"）。表4-4是这套教材中前四个专题小说课文与小说知识的关系。

表4-4　小说课文与小说知识的关系

专题	选文	基本话题	延展话题
叙述	海明威的《桥边的老人》弗吉尼亚·伍尔芙的《墙上的斑点》	叙述角度	谁来说；上帝俯瞰和凡人眼光。
		叙述人称	"我"与"他""你"
		叙述腔调	腔调的背后；"讲述"与"显示"。
		速度控制	—
场景	雨果的《炮兽》蒲宁的《安东诺夫卡苹果》	在场景中生活	场景；小说的最小构成因素；空间是人物活动的舞台；场景的分类。
		场景的功能	给全篇定调，营造意境与渲染气氛，引导人物出场，揭示人物性格，作为象征。
		风景的意义	衬托，作为幕间音乐。
		现代小说的场景观	古典小说的场景：细致、确切。现代小说的场景：模糊、虚幻。

续表

专题	选文	基本话题	延展话题
主题	高尔基的《丹柯》保罗·戈埃罗的《炼金术士》	小说的灵魂——主题	写不厌的主题，主题的复杂性。
		主题的形成	以思想为目的小说，以故事为目的的小说。
		主题的实现	小说的忌讳：主题鲜明，形象大于思想，模糊处理。
		主题的选择与开掘	小说与当下的关系，永恒主题，主题的千锤百炼。
		主题观的演变	由单纯到复杂，由具体到抽象。
人物	列夫·托尔斯泰的《娜塔莎》泰戈尔的《素芭》	贴着人物写	—
		揣摩人物的心理	—
		描摹人物的语言与行动	语言也是一种行为；言行是内心世界的流露。
		圆形人物与扁平人物	—
		人物在现代小说中的退隐	古典小说中的人物：个性化。现代小说中的人物：类型化。

　　从编写者的出发点来看，有了一份知识地图，教师可以更好地引导学生运用知识去解读小说，从而慢慢学会阅读。不过，知识点的价值及科学性怎样、知识点与课文的匹配度如何，都需要教师斟酌，否则，会自缚手足。总体上说，对小说知识的介绍应该追求"实用"原则，即不要事先考虑一定要向学生介绍什么知识，而应根据文本解读和教学目标的需要灵活选用。

《清兵卫与葫芦》教学设计

教学目标

1. 厘清文章情节，理解情节摇摆的意义。

2. 理解追求个性自由发展的期望和个性解放、人道主义的精神追求。说明：《清兵卫与葫芦》是情节专题的一篇小说，情节话题重在让学生知道情节展开的基本模式和对小说主题的作用。在《清兵卫与葫芦》中，"摇摆"是情节主要的特征，通过理解、鉴赏情节的摇摆，深入理解小说的主题。

教学重点、难点

重点：厘清文章情节，说出情节摇摆的特征，理解其意义。

难点：情节的摇摆对小说主题的作用。

教学时长

1课时。

教学过程

教学过程如表4–5所示。

表4-5　《清兵卫与葫芦》教学过程

教学环节	教师活动预设	学生活动预设	设计意图
课题导入，激发兴趣	提问：小说题为"清兵卫与葫芦"，从第一节内容看，清兵卫与葫芦的关系是怎样的？为什么会发生如此大的转变呢？第一段中是怎么交代的？ 板书：热衷于葫芦断了关系。	可从第一段中找答案：热衷，断了关系，因为发生了这件事。	体会小说悬念的作用，同时也为体会第1至第20节情节的摇摆作用做铺垫。
梳理主要情节，发现摇摆	要求以清兵卫与葫芦为贯穿线索，概括梳理主要情节。 板书：买到好葫芦、葫芦被没收、葫芦被砸。	从第21节到第37节讲述了这件事，主要情节为：买到好葫芦、葫芦被没收、葫芦被砸。	梳理出主要情节，发现情节摇摆的特点。
讨论其他情节，明确摇摆的意义	提问：第38节结尾的情节主要讲了什么？删去，可以吗？删去第1至第20节的内容，可以吗？删去第29节写教员的爱好那部分，可以吗？删去第45、46节，可以吗？在演示文稿上用不同颜色显示这些是否需要删去的段落，加强学生的印象。	不可删去。第1至第20节不仅写出了清兵卫对于葫芦的眼光很独到，还写出了他不为人赏识的遭遇。 联系前文父亲、客人对清兵卫的不理解，通过成人世界与儿童的对立，缺乏鉴赏眼光的人与清兵卫的对比，深刻体会小说的主题。 讨论情节摇摆的意义： （1）放缓情节推进的速度，给读者想象的空间。 （2）唤起读者的生活经验。	通过比较，体会情节摇摆的意义，也更深刻地理解小说的主题，而实际上小说的深刻性与情节摇摆之间的关系是一种根本性的关系。

续表

		(3) 制造悬念，让读者迫切了解主人公为何最终放弃对葫芦的热爱。 (4) 感受父亲、父亲的朋友、教员等成人与清兵卫等儿童的对立、冲突，深入体会小说的主题：追求个性解放，提倡人道主义精神。	
小结：明确情节摇摆的概念	摇摆是小说发展的动力所在。通过语言、情节、性格以及主题的摇摆，小说才得以如河流一般不住地奔流向前。小说情节发展过程，实际上就是一个摇摆过程。摇摆意味着小说在运行时，不是毅然决然地向前奔突，而是在绝大部分时间里呈现出犹豫不定的状态。	结合本文的学习加以体会。	理解情节摇摆的概念，在今后的阅读、学习中有意识地运用这一概念鉴赏小说。
布置作业	续写《清兵卫与葫芦》，设计情节的摇摆。	课后完成。	在运用中进一步体会情节摇摆的意义。

老师设计的教学目标和教学过程颇为独到，他为小说阅读教学的研究和实践提供了一个不错的案例。

老师设计了三个板块的教学活动，首先是引导学生梳理小说讲述的故事，主体板块是辨析那些看似不重要的、

游离出去的一些情节是否可以删除，最后一个教学板块是
总结这节课的学习收获，布置作业，巩固学习成果。正如
老师在"设计意图"中说明的那样，这三个板块之间逻辑
性很强，学生从整体把握故事开始，逐步进入对情节摇摆
的感性认识和理性分辨过程，最后在理解文本的基础上建
构阅读小说的一种图式。

不过，这份设计也有不足之处，有一些知识的界定及
运用不是很清晰。如"什么是情节的摇摆""小说中有哪
些摇摆""怎样判断哪些内容属于情节的摇摆"等。再如，
关于故事和情节是什么样的关系，也需要让学生了解。在
叙事学看来，这二者有区别，曹文轩认为，"所谓故事就
是对一些按时间顺序排列的事件的叙述"。福斯特在《小说
面面观》中指出："情节是小说的逻辑面。与故事（按时
间顺序）不同，情节也要叙述事件，但它特别强调因果关
系。""把握故事是受好奇心驱使的（好奇心是人类最原始
的一种官能），而情节则是要凭智慧和记忆力才能鉴赏的。"

四、问题与对策

（一）浅阅读，即停留于对小说内容的梳理

小说阅读教学首先要让学生读小说，了解小说写了哪
些人、写了一个什么故事、人物之间是什么关系、前后情
节是什么因果关系、作者的表达意图是什么。如果一个中

学生自己读小说，理解到这一步，自然也会有收获，毕竟开卷有益。但是，作为课堂上开展的、有教师指导的小说阅读教学，仅厘清小说中的人物和故事，显然还不够，或者说还没有发挥小说作为教学材料的应有价值。因此，教师在理解故事的基础上最好还应做些使其教学价值向外及向深处延伸的工作。

小说教学价值延伸的常用途径及线索有这样一些。

1. 人与事——社会风貌——社会认识价值。

2. 人物行为——人物性格——人物命运——人性反思价值。

3. 人物遭遇——社会及环境因素——社会批判价值。

4. 表层故事——社会行为类比——隐喻意义。

5. 形式特征（视角、结构等）——类小说的形式特征——鉴赏或模仿创作价值、语言风格特征——分析语言与内涵的关系——积累语感价值。

在做小说教学目标设计时，教师酌情选择上面一种做阅读教学的价值拓展思路，就可以突破单纯理解故事这种浅阅读的局限，让学习有较多收获。

（二）多元解读随意

与上面所说的浅阅读相反，在小说阅读教学中，还存在着一种在主旨理解上过度追求多元、追求深度阅读和刻意批判性阅读的做法。常见的做法有：

1. 不看历史背景，为传统的正面人物挑刺，为反面人物翻案。

2. 撇开全篇的整体意味，纠缠于某些细枝末节，任意生发。

3. 将正剧、悲剧故事做游戏化解读。

4. 将小说描绘的世界机械地、简单化地比附当下的生活。

小说固然是最适合做深度的个性化的多元解读的文本，但正如前文论述的那样，多元解读应该是有原则和有边界的，不是无限制地任意发挥。

（三）生搬硬套西方解读理论

西方新的文学理念与文化研究方法被大量引进国内，带来了小说研究的新风尚。这种风气也在一定程度上影响了语文教学中的文本解读。有人提出，传统的小说"三要素"人物、情节、环境说法已经过时了，应该借助一些新工具，如"叙事学""诠释学""心理分析""结构主义"等理论，开发一批新知识，为小说阅读开辟新思路。

中学里的小说阅读不是从事小说研究，师生的所知所用一般都应以常识为限。从"三要素"的角度理解小说并不是唯一的路径，但却是多年来约定俗成的，教师讲得清楚、学生听得明白，对理解小说基本内容是有用的。当然，借鉴某些西方的视角开拓学生的思路也是很有价值的，但这要有几个前提：一是选择已经获得广泛认可的，简单易懂的；二是以能帮助更好地理解小说为目的，不能为用理论而用理论，更不能让课文变成证明某种理论的材料；三是可以偶尔尝试，不必作为常态化教学要求。如果专门引入一个新概念，教师似懂非懂，学生糊里糊涂，效果就会适得其反。

第四节　新闻报道类文本阅读的教学设计

　　新闻报道是一种传播最新资讯的实用文体。一篇新闻报道，一般包含何时、何地、何事三种基本要素。也有人把其中的"何事"再细分为何人、何事、何果。

　　从不同角度，人们把新闻报道分成若干类型，包括消息、通信、新闻综述、背景新闻、新闻故事等，其中媒体上刊登最多、被人们阅读最多的是前两类，即消息和通信。消息一般专注于介绍新近发生的事件，以客观介绍真实信息为要，往往篇幅短小、多用叙述方式，很少带有个人的感情色彩；通信则往往会涉及事件中的人物故事，篇幅相对较长，除了叙述以外，还可用描写、议论、抒情等表达方式进行一定的渲染，也讲究波澜起伏，因此带有一定的文学色彩。当然，两者之间是连续的变化过程，并没有截然的划分界线。

一、新闻报道的阅读价值

　　美国教育家华特·科威涅斯克有这样一句名言："语文

学习的外延与生活的外延相等。"从语文学习的角度，我们对这句话还可以做这样的演绎：学校语文阅读学习的内容包括阅读篇目、阅读方式及阅读能力，都应该是生活阅读方式的典型化，它以集中学习的方式将这种经验、知识传授给学生，最终目的是让学生回到生活中去，以便他们更有效地阅读、更好地生活。

阅读新闻是现代生活的有机组成部分，借助新闻报道的阅读，一个人可获知远近发生的最新事件，并借此保持与外部世界的联系。因此，在语文教材中，编者一般都会选入一定数量的新闻报道，各地高考试卷中阅读理解部分也时有以新闻报道作为语料的。

今天的年轻人更多地借助报刊、手机等进行阅读，在他们阅读的文体中，新闻资讯类有逐年增加的趋势。根据这种变化趋势推测，将来他们走上社会以后，无论工作岗位上的阅读还是生活中的阅读，对新闻报道类的阅读将占有相当大的比重。因此，教会学生更好地阅读新闻报道，提高他们通过新闻报道获取资讯的能力，是现代语文教学应该担负的责任。

二、新闻报道的特征及阅读教学价值确定

新闻报道是通过一定的媒介，向大众介绍最近发生的有意义的事件。这就决定了新闻报道有这样一些特征。

1. 以真实为报道核心，有的只介绍事件，有的是事件内容加评价。

2. 以一定的时间、空间（地点）或事件的逻辑顺序，讲述事件的过程。

3. 具有一定的身份，报道者身份会影响读者对事件的真实性和意义判断。例如，报道同一件事，可以从当事人、媒体人（记者）、社会公民、专家等不同身份来介绍，不同身份者报道出来的事件，其报道价值会有很大的差异。

4. 报道者对事件的报道有一定的角度和立场。对同一件事件，站在不同立场、从不同的角度来写，其新闻价值会很不一样，这种发现与挖掘事件要点、凸显事件意义的能力，就叫作找"新闻眼"。新闻的导向往往由此而生。

5. 当下的新闻报道更具有读者意识，也就是更有商业目的。为提高订阅数和收视率，报道者常常会在叙述手法、结构安排、词语运用等方面，考虑读者的心理需求，在增强吸引力上做文章。

依据新闻报道的这些特征，我们可以确定新闻报道类文本的教学价值。基本途径如下。

1. 看报道重点、报道倾向与报道者立场的关系。真实是新闻的生命，报道者的态度越客观，新闻的真实感就越强，新闻的价值就越高；但另一方面，所有新闻报道的背后又都有一定的记者立场和价值导向。在进行教学设计时，我们可以从这个角度来看新闻，即分析一篇新闻报道是如何做到在客观叙述中表达主观态度的。

2. 分析报道重点与新闻结构的关系。以著名的"倒金字塔"结构为例，它是新闻报道中特有的结构方式，即把最重要、最有吸引力的信息放在前面，其作用是在最短的篇幅里介绍最重要的信息，以吸引读者的注意力。如果课文是典型的"倒金字塔"结构，在教学中就可以分析在整个事件介绍中，记者为什么先写这一段而后写另一段。

3. 理解重要信息与新闻标题的关系。在新闻报道中，标题是十分重要的信息传达手段。许多新闻报道有很复杂的标题（引题、正题、副题），篇幅长一些的新闻报道，中间还会加拟几个小标题。为什么新闻报道特别重视标题呢？因为现代社会媒体发达、媒体间竞争激烈，读者的阅读时间碎片化、阅读目的快餐化、阅读层次通俗化和娱乐化，报道者需要让读者一眼就能知道这一段写的是什么内容、最有价值的信息是什么、新闻的卖点在哪里，而标题所起的作用就是提示核心信息。

4. 从新闻阅读速度的角度设计教学，让学生学习如何快速、准确地捕捉有价值的信息。

三、新闻报道阅读教学设计原则

（一）依托新闻报道的文体特征设计教学

发挥新闻报道特有的教学价值，抓住新闻报道的特征进行教学设计，对提升学生阅读新闻的能力、学习新闻写作的一般格式和表达技巧，都是有意义的。一般有这样几种思路。

1. 梳理新闻报道中的基本要素，看新闻的选材、详略与新闻价值的关系。

2. 梳理新闻报道的结构，看被报道事件的顺序与事件价值的关系。

3. 联系新闻媒体与记者身份，看选材、新闻视角、语言与新闻立场的关系。

4. 联系当时的报道背景，看新闻选材、语言与受众的关系。

（二）将新闻报道的语言特点作为教学重点

新闻报道的语言一般句子简短、表达简洁，较少用复句和修饰性词语。这是一般新闻报道的语体风格。当然，这种语体风格是否需要教，是否适合课堂教学，这都需要根据实际情况考虑。

（三）考察媒体立场、学习信息甄别

随着网络技术的迅猛发展，尤其是近几年自媒体的发展，广大读者的媒体阅读生活面临许多新课题，最突出的就是新闻记者的立场和信息的真实性问题。如何选择比较权威的资讯媒体，如何判断网上信息的真实性，如何建构健康的网络阅读与传播伦理观，是每一位读者都必须面对的新挑战，这些在新闻报道的阅读教学中也值得关注。当然，在语文学习中，我们涉及的新闻报道篇目不多、时间有限，在这个话题上难以深入展开。有兴趣的教师，不妨利用选修课的时间，结合一些现实生活中的真实案例与学生一起深入学习。

《奥斯维辛没有什么新闻》教学设计

教学目标

梳理这篇新闻稿的写作脉络，发现作者采用的观察角度，并将它与《别了，不列颠尼亚》做对比，体会普利策奖颁奖词中所提到的"突破了'零度写作'，是一篇有温度的文章"。通过对特定意象（如雏菊花、小女孩的微笑）、具体词句（如最可怕、没什么）等的分析，来品味"通过反差，塑造一个感性、立体的氛围"这一评价，总结作者想要传达的感情，以及这篇新闻稿所具有的时代意义。明确新闻稿的形式和意义。

教学重点

梳理文章的写作脉络，与《别了，不列颠尼亚》做对比，总结这篇新闻稿的特别之处以参观者的角度介绍见闻，理解这种视角的作用。

教学难点

感受作者写奥斯维辛所传达的"牢记勿忘"的情感，明白新闻题材特有的时代意义。

教学时长

1课时。

教学活动设计

教学活动设计如表4-6所示。

表4-6　《奥斯维辛没有什么新闻》教学活动设计

教学环节	教师活动预设	学生活动预设	设计意图
导入新课（5分钟左右）	1. 检测学生预习。提问：奥斯维辛是什么地方？为什么会出现这样的集中营？ 2. 介绍相关时代背景（配以演示文稿，展示图片）。 3. 播放《奥斯维辛集中营》视频。询问学生看完视频的感受。	1. 回顾课文，回答相关问题。 回答预设：是一个可怕的地方；是关押犹太人的地方；是一个人间地狱；旅游中心…… 理想答案：可怕的集中营。 2. 聆听时代背景，适当做笔记。 3. 观看视频，总结感受。	对于这则新闻所描写的对象——奥斯维辛有一个更直观、具体的了解。营造整节课比较沉重的课堂气氛。
进入课文，梳理创作脉络	1. 关注标题。提问：为什么题目说"奥斯维辛没有什么新闻"，但这位作者还是写了这则新闻（从文中找出相关段落，进行朗读）？为什么作者有这样的心情？她看到了些什么？ 2. 深入课文，明确脉络。 2.1 请学生有序地列	1. 思考问题，朗读相关段落。 回答预设：因为这里是人间地狱/因为这里很可怕…… 理想答案：在文章的第6段。 2. 按顺序找出作者写的场景。 理想答案：毒气室→焚尸炉→女牢房→实验室→长廊（纪念墙）→绞刑室（地下室）。	从新闻标题入手，明白这位记者非写不可的原因，从而进入课文。通过对参观路线的梳理和对参观者反应的描写，总结出这

续表

教学环节	教师活动预设	学生活动预设	设计意图
	出作者写到的场景，教师及时板书，明确参观路线，让学生体会到作者是参观队伍中的一员。 2.2 请学生找出对参观者的描写并提问：作者有没有具体刻画有多少尸体、多少血迹、墙上有什么？作者重点写的是什么？ 指导学生关注作者描写的重点是参观者的反应。 3. 对比《别了，不列颠尼亚》，体会这则新闻稿的独特性。 3.1 带学生回顾《别了，不列颠尼亚》，比较两则新闻稿，看看哪一点明显不同。 3.2 用演示文稿展示这则新闻的普利策新闻奖颁奖词，为什么说这位记者"突破了'零度写作'"？ 3.3 总结这则新闻稿是以参观者的角度报道参观者的观察	2.1 关注参观者的反应，找出相关描写（教师适当板书）。 2.2 归纳作者描写参观者反应的作用。思考作者为什么要这么写。 3. 对比前一篇课文《别了，不列颠尼亚》。 3.1 回顾新闻的特性：真实性、准确性、客观性、时效性。 3.2 思考本文和哪一个特性相背而行（教师展示颁奖词）。 阅读颁奖词（教师解释"零度写作"约等于客观性），总结回答为什么这篇新闻稿会被称作"突破了'零度写作'"（教师提醒学生注意他重点描写的对象）。 回答预设：因为作者把自己的感情表达了出来，因为作者自己就属于参观者中的一员…… 理想答案：因为作者是以参观者的身份，报道自己一行人的观察。这是一篇蕴含了作者浓厚情感的新闻报道。	篇新闻稿并非传统意义上颇具客观性的"零度写作"。知道这则新闻稿的特殊性。

教学环节	教师活动预设	学生活动预设	设计意图
	的（特别之处要进行强调）。		
深入课文，抓关键字词、意象，体会情感	1. 引导学生关注"雏菊"和"微笑"。 1.1 提问：作者在写到照片纪念墙的时候，重点写了一张什么样的照片？这个姑娘在干什么？别人的表情是怎样的？像这样的对比，而且是一个让人终生难忘的，在前文中还有没有？提示学生关注第8自然段出现在焚尸炉上的雏菊。作者为什么要写姑娘的微笑？为什么要写雏菊呢？ 1.2 指导学生小组讨论，选择雏菊或者姑娘的微笑进行分析。补充雏菊的花语。 2. 指导学生比较结尾段和开头段，总结出：可怕的不是现在，而是过去；写现在的可怕，是为了突出过去的残忍。	1. 小组讨论，明确"雏菊"和"微笑"的意味并回答提问。明确姑娘的微笑和上文中的雏菊与这样一个代表死亡的地方是格格不入的，在这里是格外醒目的，知道它们的指代意味。 2. 关注结尾段，对比首段。在教师的引导下，发现"最可怕"的只在开头出现，结尾段变成了"没有新鲜东西可供报道"。 思考：为什么这样美好的景色是最可怕的？ 理想答案：因为这里曾经有很多孩子死亡，借着现在的美好来反衬过去地狱般的景象。	通过对于一些具体意象的分析，来体会作者想要表达的感情，感受暗无天日下小小的生的希望，明确雏菊和微笑所指代的是和平和欢乐。 通过观察开头、结尾段，以只在开头出现的"最可怕"为切入点，来让学生知道可怕的是过去而非现在。同时用在结尾段中出现的"没有新鲜

续表

教学环节	教师活动预设	学生活动预设	设计意图
			东西可供报道"，来过渡到下一教学环节。
明白新闻的时代意义，总结本课	1. 再次关注标题。 1.1 指导学生思考：作者反复说没有什么可写的，没有新鲜的事物可供报道，但又说她不得不写的真正原因是什么？ 1.2 总结现在是和平年代，现在的和平是"不新鲜的"，但是这样的和平是过去用鲜血、牺牲换来的；前事不忘，后事之师。 2. 明确新闻所具有的时代意义。 3. 总结这篇新闻课文的价值。	1. 联系结尾段出现的"没有什么新鲜东西可供报道"，思考记者的职责、报道这则新闻的意义。 2. 结合当下的时代背景，谈谈个人对于这篇课文、对于新闻的体会。	"没什么新闻"是一个否定语，要让学生明白在这样一个曾经充满死亡和恐惧的地方，现在的和平就是最大的新闻。明确现在的和平生活来之不易，明白永远不能忘记过去的历史。要让学生明白，新闻记者具有的使命感以及新闻本身所具有的时代意义。

续表

教学环节	教师活动预设	学生活动预设	设计意图
布置作业	完成课后练习四的第二小题。	略	略

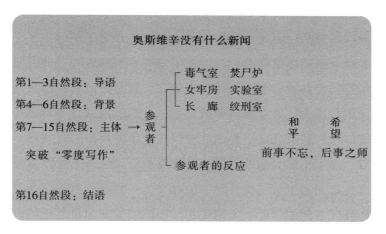

图4-4　板书设计

四、问题与对策

（一）不重视新闻报道类教学

在语文教学中，为数不少的教师对新闻报道类文体的教学不够重视，有的教师会让学生自学，甚至还会略过这一单元。

语文教师不重视新闻报道类篇目的教学，有一定的客观原因。首先，在一套语文教材中，这类篇目一般只有一个单元，选文数量少，没有教学规律可循。其次，新闻报道以时效性见长，而教材中的新闻事件往往已经过去了若干年，学生对该事件没有兴趣。最后，新闻报道的意义一般就在表层信息中且语言往往简练、质朴，学生往往能一目了然，无论阅读还是教学，都没有嚼头，也找不到教学设计的抓手。不过，这些都是表面的，真实的原因还在于教师对新闻报道阅读教学的价值理解得不够透彻，对新闻报道特征及教学重点把握得不够准。只有理解了新闻报道阅读与语文核心素养培养的关系，上面所说的具体问题才能够找到解决办法。譬如针对教材中新闻报道的时效性不够、学生不感兴趣的问题，教师完全可以从时下的媒体中选几篇新闻报道替换教材中的选文，只要教学目标围绕怎样理解新闻的特征、如何快速准确地阅读新闻报道就可以了。

（二）没有抓住新闻报道的特征设计教学

在针对新闻报道的教学设计中，还有一个比较常见的现象是，教新闻报道就像教散文、小说或议论文一样，没有扣住新闻报道的特征进行教学，常见的做法有：

1. 梳理文章内容，理解文章写了什么，即把它当作一般社科文阅读。

2. 只联系文章时代背景、理解新闻记载的事件的社会意义。

3. 品味文章的语言风格，把它当作文学作品阅读。

4. 只分析段落及句子的表达作用。

这样的教学自然体现不出新闻报道类文体独特的教学价值。导致新闻报道教学目标偏差的原因：从主观角度说，是教师们长期以来形成的教学设计惯性，即习惯关注文章的内容而忽视文章的表达特点和可供挖掘的阅读策略；从客观角度看，是语文教育研究者对新闻报道类选文的教学内容、教学设计的研究不够，没有形成关于这类文体教学的一般理论与策略。

第五节　论述类文本阅读的教学设计

　　论述类文本是对以议论为主要表达方式的一类文体的统称。在不同的时代和话语体系中，对论述类文本这个概念在内涵和外延上的理解和表述会略有差异。在现行普通高中语文课程标准中，一般称作议论文，而美国的SAT则把它归入"信息类文本"。本文采用"论述类文本"的说法，其基本特征有以下几点。

　　1. 以自然现象与社会生活现象为研究对象，以发现事物之间的联系、揭示事物的规律为目的。

　　2. 以概念、判断、推理为主要元素，以论证自己的判断或结论为主要内容。

　　3. 以事物的逻辑关系或研究过程为文章的结构线索。

　　4. 结构严谨、表达严密。

　　5. 以说服力取胜，一般应隐藏作者的情感和个性。

一、论述类文本阅读的教学价值

如果说文学类文本主要是表达作者感情的话，那么论述类文本的主要功能则是表达作者的思想观点。以色列作家尤瓦尔·赫拉利在《人类简史》一书中指出，人类之所以超越动物同伴而大踏步进化，是因为人类身上发生了认知革命，即人类会设想明天，这种设想明天的能力，其实就是抽象思维能力。在人类的各种思维方式中，抽象思维能力是相对高级，也是相对复杂的思维能力。从人类智能的进化顺序看，抽象思想能力是比较晚才发育出来的，这从儿童的成长过程即可看出，也就是学生的年级越高，其抽象思维越发达。从适用范围来看，人类对事物的认知程度越深入，也越依靠抽象思维。例如科研论文几乎都是用抽象的论述类文本。抽象思维能力的获得，固然可以从大量的生活实践中慢慢凝练，但是其效率十分低下。更好的途径是学习他人的智慧结晶，其中阅读论述类文本便是最主要也是最有效的途径。阅读论述类文本，不仅可以直接接受前人积累的思想成果，还可以培养对这类文本的语感、建构有效的阅读图式，对一个人的抽象思维能力有明显的提升作用。因此，论述类文本的阅读在语文学习中具有不可替代的价值。

二、论述类文本阅读教学的内容

在日常生活中，我们阅读一篇论述类文本，只要理解文章中的基本信息，包括知道谈论的话题、理解主要知识、明白主要观点即可。也就是说，这种阅读是以获取信息为主的。但是，语文课堂教学中的阅读目的，除了了解文章中的基本信息以外，还应该有其他的目的，即通过对"这一篇"的学习，使学生理解论述类文本中各种要素之间的关系，知道如何更好地阅读这类文章，并提升对论述类文本的语言感觉。论述类文本的教学内容由人类阅读活动、课堂教学活动和论述类文本特点共同构成。论述类文本的阅读教学内容有以下几个侧重点。

1. 学习文章中的知识，即读懂文章，理解文中知识、作者的观点，提高在这一问题上的认识水平，并借此指导自己的学习和生活。例如，学习梁启超的《敬业与乐业》一文，如果懂得了作者所讲的敬业与乐业的关系，把握核心观点，提高对职业和自我发展的认识，这种阅读就是有价值的。

2. 学习文章的表达特点，即具体分析这篇文章的观点是怎么得出来的，用了哪些论证手法，表达效果怎么样，借此提高理解这类文本的能力和写作技能。例如，培根的《谈读书》一文，用很多结构整齐、用词精练的排比句形容读书的好处，既富有感染力，又容易记诵。该类文章的教学设计，重点若是在分析这类句子的表达特点、指导学生仿写警句等，自然值得肯定。

3. 学习这类文章的信息组织特点，总结论述类文本的阅读经验，建构阅读该类文章的基本图式，便于举一反三，为今后更好地阅读这一类文章。例如，阅读冯友兰《人生的境界》一文，可借助文章中不同概念之间的逻辑关系来理解文章，从而掌握这种阅读方法。

4. 分析文章的论证过程，辨析文章在运用概念、提出判断、推导结论等方面的逻辑思路，辨别核心概念与一般概念的关系，材料与观点的关系，形式与内容的关系，分析作者的情感态度对结论有无影响等。例如，阅读林庚的《说"木叶"》一文，可辨析作者对"木""树""木叶""树叶""落叶""落木"等意象（概念）的界定，梳理文章的逻辑线索以及逻辑漏洞，提高批判思维能力。

一般来说，在上述内容中，越往前的教学价值相对也越小，越往后的教学价值相对也越大。这是因为在语文课堂学习中，获得具体知识的阅读，一般不如学习阅读方式的价值高；而学习阅读方式的收获，又不如提升思维品质的价值高。当然，这些目的之间的界限并不能做到截然区分。

三、论述类文本教学设计的原则

（一）区分不同学段学生的思维特点

一个人的思维品质往往与年龄段有关。由于初中学生和高中学生的逻辑思维发展水平有较大差距，在这两个年龄段上，论述类文本的阅读应体现不同的要求。一般来说，供初中阶段学习的论述类文本篇目少，篇幅较短，结构也比较简单，而相应的阅读要求也低。《义务教育语文课程标准（2011年版）》中，对初中阶段的要求是："阅读简单的论说类文本，区分观点与材料（道理、事实、数据、图表等），发现观点与材料之间的联系，并通过自己的思考，做出判断。"这种学习价值定位是比较合理的。

到了高中阶段，学生的逻辑思维能力有了较大的提高，而高中阶段需要阅读的论述类文本，无论在篇目、篇幅以及论述类文本的亚类型上，与初中相比已不可同日而语。与此相应，论述类文本的阅读教学更多地偏向逻辑思维训练。高中语文课程标准要求论述类文本的阅读教学重点是"引导学生把握观点与材料之间的联系，着重关注思想的深刻性、观点的科学性、逻辑的严密性、语言的准确性"，我们从中可以看出高中生的思维特点和发展需要与初中生的不同。

（二）平衡两种阅读方式

从读者与被阅读对象的主客关系角度，人们把阅读活动分为两种：一种是理解性阅读，一种是批判性阅读。理解性阅读的主要目的是理解和接受，批判性阅读的主要目的是辨析和评价。这两种阅读取向各自的价值，在论述类文本阅读中体现得更为明显。以往，不少人常常有这样的成见："书籍就是知识和真理的代表""教材里讲的都是正确的"。如果持这种观念，教师在设计论说类文本阅读教学目标时，采用的多是理解性阅读取向，即引导学生理解"文章里说了什么？""这些说法好在哪里？""对我们有什么指导意义？"而批判性阅读，则是站在审视和对话的角度去阅读文本，除了理解作者在文章中说了什么以外，还要用自己了解的其他知识、社会生活现象以及自身经验衡量他说得对不对，论证合不合理。在批判性阅读教学中，教师应引导学生特别注意以下这些问题。

1. 文章预设的前提是否存在？这个话题对今天人们的生活、学习有什么意义？

2. 文章中使用的主要概念，其内涵与外延前后是否一致？

3. 文章列举的材料是否支撑其主要观点？有没有相反的例证？

4. 文章的分论点与总论点是否一致？

5. 文章的结论与现实生活、最新的研究成果是否有冲突？

6. 文章在结构、语言方面有什么特点？有没有更好的表达方式？

当然，理解性阅读与批判性阅读并非截然对立，也不是所有阅读教学都应取批判性态度。一般来说，经典性文章可偏向理解性阅读，一般性文章可偏向批判性阅读；初中阶段可多一些理解性阅读，高中阶段可多一些批判性阅读。

（三）注意阅读活动的设计

论述类文本以逻辑推理见长，阅读这类文章，光凭语感是不够的，还要经过从具体到抽象、从抽象到具体反复的思维活动。因此，论述类文本的阅读往往比记叙类文本要枯燥得多，也费脑筋得多。这也是中学生普遍不喜欢阅读论述类文本的客观原因，再加上多媒体时代的青少年平时习惯了读图、读影像，对文字的阅读经验更少、亲和力更弱，这就为论述类文本阅读教学带来了更多挑战。因此，论述类文本的阅读教学设计，首先要设法突破学生的阅读惰性，激发他们的阅读兴趣。教师不妨尝试以下几种方法。

1. 挑战法。降低文章的权威性甚至神圣性，让学生站在对手的立场上质疑文章的内容或表述。

2. 参与法。让学生站在作者或编辑的立场，试着为文章置换某一则论证材料，修改语句，将文章的观点归纳成格言警句。

3. 比较阅读。将阐述同一问题的几篇文章放在一起，比较它们的优劣得失。

4. 案例教学。以文章中的观点为工具，尝试解释生活中的另一种现象，看看文章中的观点在今天是否有效，是否遇到了新问题。

《说"木叶"》教学设计

教学目标

1. 阅读文艺性随笔能概括作者的观点和主张，在梳理其分析的过程中判断其是否自圆其说。

2. 能借助外部的知识对作者的观点或主张进行审视，判断其可供借鉴之处。

3. 意识到专业知识对于解读文学作品的重要性。

教学时长

1课时。

课前准备活动

1. 默读课文2—3遍。

①第一遍阅读可以是浏览课文。

②第二遍逐句默读，画出直接评述"木叶"的语句。

③如果你不能确认自己圈出的内容是否完整，请再仔细默读课文。

2. 在完成上面学习活动的基础上，继续下面的活动。

①"木叶"与"树叶"的异同。

②"木叶"与"落叶"的异同。

③"木叶"与"落木"的异同。

3. 阅读本文，想一想，哪一个观点对你阅读古诗词有启示？抄录这句话，并用一两句话写出你获得的启示。

学习材料

林庚（1910—2006），字静希，原籍福建闽侯（今福建省福州市），现代诗人、古代文学学者、文学史家，北京大学教授。1933年秋，他出版了第一本自由体诗集《夜》，1934年以后，他作为一名自由诗体的新诗人尝试新的格律体，先后出版了《北平情歌》《冬眠曲及其他》，还出版过《春野与窗》《问路集》等六部诗集。他的古典文学研究成果有《中国文学史》《诗人屈原及其作品研究》《天问论笺》《诗人李白》《唐诗综论》《新诗格律与语言的诗化》等。2006年10月4日，林庚先生病逝于北京，享年97岁。作为一名学者，林庚的研究主要涉及唐诗、楚辞、文学史等方面，显示出诗人学者的独有特色，他将创作新诗和研究唐诗统一起来。

课上共学活动

1. 交流预习作业，直面阅读障碍。

学生的阅读障碍可能有：

①引用太多，不少诗句不熟悉。

②概念较多，"木叶""落木""树叶""落叶"等，容易纠缠不清。

③思路梳理比较难。

④有些内容看起来不太好接受。

对策：

①不是古典文学专业做学术研究，一般不需要扩展阅读、对这些引用的诗句刨根问底。阅读此文最重要的是把握作者观点。

②画出作者针对不同概念展开评述的语句，完成课前准备活动，就可以解决第二、第三个困难。

③结合作者的学术背景，理解林庚作为诗人学者的研究旨趣——作为诗人的审美体验超过作为学者的严谨的学术研究。

2. 回顾反思，总结阅读策略。

①理解性阅读重在把握作者的观点。具体来说，可以根据重要概念及作者对其评述，把握不同段落的观点，再整合为全文的观点。还可以辨析近似的概念，区分其异同，再整合观点。

②阅读文艺随笔等论述文，理解性阅读阶段可以进行略读，省略不重要的信息。

③批判性阅读的关键是核查文本内部的一致性与借助外部的知识审视其说法的合理性。

3. 拓展延伸，体会作者对诗歌艺术的独到发现及其价值。

学生活动：分享林庚在本文中阐述的观点对自己古诗

词阅读的意义。如果时间富余，可以请学生结合诗词举例阐述。

下面是《试论文艺随笔阅读教学内容的确定——以〈说"木叶"〉教学内容设计为例》一文的节选。对照上面设计的活动，我们可以清楚地理解阅读与批判性阅读的关系。

批判性阅读是站在与作者平等对话的角度去判断文章所介绍的知识是否准确、表述过程是否符合逻辑、结论是否合理。批判性阅读的过程是"考察这篇文章写得怎么样"，其目的是验证自己的知识、提升自己的理性思维。

林庚是北京大学中文系教授，长期从事文学研究，自己又擅长写诗作文，从《说"木叶"》一文中，我们便能感受到他渊博的知识和丰富的想象力。《说"木叶"》能选入语文教材且得到不少读者的欣赏，但是，被选入教材的文章不等于没有瑕疵。《说"木叶"》的批判性阅读，可以考虑从两个角度进行，一是分析文章自身的逻辑，看看能否自圆其说，二是借助外部的相关知识检验文章的依据、判断和结论是否可靠。具体过程如下。

1. 分析其内部逻辑的自洽性。

文章中有如下几句话。

①可是问题却在于我们在古代的诗歌中为什么很少看见用"树叶"呢？

②可是为什么单单"树叶"就不常见了呢？

③可见洗练并不能作为"叶"字独用的理由，那么"树叶"为什么从来就无人过问呢？

④"树叶"可以不用多说，在古诗中很少见人用它；就是"落叶"，虽然常见，也不过是一般的形象。

⑤在习于用单词的古典诗歌中，因此也就从来很少见"树叶"这个词汇了。

第④句和其他几句明显有差异，也就是说同一个问题在不同处的表述不一致，行文不够严谨。其实，已经有不少教师和研究者对《说"木叶"》一文的严谨性提出过质疑，张和荣在《〈说"木叶"〉指瑕》中指出了两个问题，"行文表述失之严谨"和"引诗论证失之片面"。在教学设计的时候，如果以"阅读文章，理解作者的基本观点，发现并分析其论证过程中不够严谨的地方"为学习内容，这就属于典型的批判性阅读。

2. 借助外部知识审视作者的依据、判断或结论。

所谓外部知识，是指除作者在文章认定以外的知识，包括与该话题有关的事实、理论以及生活经验。以《说"木叶"》为例，以作者的视野来看，某些说法可能是有依据的、合理的，但是若放在其他知识面前，就显得证据不足甚至武断，如表4-7。

表4-7　有待商榷之处

段落	作者判断及依据	相对的观点及依据
第二节	可是问题却在于我们在古代的诗歌中为什么很少看见用"树叶"呢？ 可是为什么单单"树叶"就不常见了呢？一般的情况，大概遇见"树叶"的时候就都简称为"叶"……	《全唐诗》中共用"木叶"73次，用"树叶"28次；在《全宋词》中共用"木叶"18次，用"树叶"1次。在《全唐诗》中用"落木"24次，用"落叶"204次；在《全宋词》中用"落木"10次，用"落叶"47次。在《元曲选》中用"木叶"82次，"落木"50次，"落叶"93次。
第三节	"树叶"可以不用多说，在古诗中很少见人用它；就是"落叶"，虽然常见，也不过是一般的形象。	至于林庚先生所引杜甫名句："无边落木萧萧下。"木字固然胜叶字，但"落叶满空山"也是十分好的句子。
第四节	而自屈原开始把它（指"木"）准确地用在一个秋风叶落的季节之中，此后的诗人们无论谢庄、陆厥、柳恽、王褒、沈佺期、杜甫、黄庭坚，都以此在秋天的情景中取得鲜明的形象，这就不是偶然的了。 然则"高树"则饱满，"高木"则空阔：这就是"木"与"树"相同而又不同的地方。"木"在这里要比"树"更显得单纯……	杜甫《春望》中"国破山河在，城春草木深"、常建《题破山寺后禅院》中"竹径通幽处，禅房花木深"、欧阳修《醉翁亭记》中"野芳发而幽香，佳木秀而繁阴"的"木"就明显地用在春季，怎能视而不见？举例论证又怎能只取其一而不及其余呢？ "曲径通幽处，禅房花木深""万木云深隐，连山雨未开""万木叶初红，人家树色中""春山多秀木，碧涧尽清流""愿作深山木，枝枝连理生"等，这里的"木"不但不空阔单纯，反而更显得繁茂饱满。

续表

段落	作者判断及依据	相对的观点及依据
第五节	而"树"呢？它是具有繁茂的枝叶的，它与"叶"都带有密密层层浓荫的联想。	"树"也常常被古诗人用来描写枝干枯秃、少叶或无叶的疏朗的形象。李白的有些诗就是如此，如"上有无花之古树，下有伤心之春草"（《灞陵行送别》），"霜落荆门江树空，布帆无恙挂秋风"（《秋下荆门》），"乌鸢啄人肠，衔飞上挂枯树枝"（《战城南》）。 古人诗文中也常将"树"与"木"连用，且二者的意义一致，没有什么差别。曹操的《观沧海》就有这样的描写："树木丛生，百草丰茂。" 诗中写秋天的情景，并不乏用"树"的，比如杜甫写深秋景色的诗句"黄牛峡静滩声转，白马江寒树影稀"（《送韩十四江东觐省》），用的就是"树影"而非"木影"，马戴的诗句"落叶他乡树，寒灯独夜人"（《灞上秋居》），尤为脍炙人口，用的也是"树"。

四、问题与对策

（一）对论述类文本的教学颇感无力

论述类文本在语文课程中的地位比较尴尬。论述类文本主要是用逻辑推理来表达对事物的看法，相应地阅读这类文章，往往也需要从概念的理解入手，并须厘清各要素和各层次间的逻辑关系。阅读这类文章，涉及更多专业知识，注意力也需要高度集中，这比阅读感性的文学作品枯燥得多，也难得多。这造成了一种结果：多数中学生都不太喜欢论述类文本单元。中学教材中的论述类文本所论述的话题，无非是如何读书、如何做事、如何做人，这些话题大多数已经被历代圣贤反复讨论过，其主要观点似乎是老生常谈。如果在课堂里再去反复讨论它们，学生可能会觉得味同嚼蜡，教师当然也吃力不讨好。于是，有的教师在教这类文章时，常常简化处理，比如让学生画一画关键词句、说一说主要结论应付了事，还有的教师干脆放弃对这一部分课文的教学。

论述类文本的教学对学生的逻辑思维培养具有不可替代的作用。但在做教学设计时，如果仅仅以掌握文中知识为目的，自然会感觉学习价值不大。而如果以某一论说类文本为例，培养学生的逻辑思维能力，就会使其产生出新的教学价值。选好学生对某一论述类文本阅读的切入点，激发他们的兴奋点也很重要。好的活动设计也会为学生的阅读及整个教学带来活力。譬如以某一篇论说类文本为材料做"商榷与辩护"的教学设计，其教学目的是锻炼思维品质，其教学兴奋点是挑战，其教学活动是辩论，这在一定程度上就可能减少阅读过程枯燥乏味、学习价值不大等问题。

(二) 不能区分论说类文本相关的概念

不少教师对论说类文本的名称和具体篇目的分辨颇感头痛。的确，与论说类文本有关的名称有好几个，比如论说文、说理文、劝说文，有的书上还称社科文，而教材中一篇具体的文章，到底归于哪一种，有时很容易混淆。

论述性文章是以论述为主要表达手法，围绕一个话题表达自己看法的文章。按照这一概念，那么论说类文本、论说文、说理文、劝说文，就都在其涵盖范围内。本书认为，论说类文本、论说文、说理文、劝说文，一般指以社会生活为话题、刊登在大众媒体上的议论性文章。论说类文本属于大概念，不仅包括上面列举的几个名字，还包括刊登在学术刊物上的学术性论文，以及有一定学术性的序言和随笔等。在初中语文教材和试卷里，我们看到的都是前者。所以，在初中语文话语里，用议论文指代论说类文本，在口语中用论说文指称一篇文章，逻辑上都是成立的。

有的研究者把这样的文章定义为社科文。本书不主张用社科文这一概念，因为文体即文章体裁，一般都以文章形式为主要分类依据，而社科文则是从文章论述对象的角度区分的，这很容易导致文体分类的交叉。比如，一篇报道考古发现的新闻，从文体上分它应该属于新闻，但若从内容上说就属于社科文了。社科一词有约定的含义，即社会科学学科，它与人文学科、自然科学学科并称，若是说研究社会科学的文章属于社科文，那么，教材中一些研究人文学科、交叉边缘学科，甚至一些带有自然学科性质的文章，就无法归入其中。

论说类文本这一概念会不会与哲理散文、杂文、小品文有交叉呢？因为后者也是"以论述为主要表达手法，围绕一个话题表达自己看法"的文章。本书认为，这里的论说类文本是指以理性思维、传播实用信息为主的文章。而哲理散文和杂文则是以形象思维、抒发个人情感为主的，从大类上应该属于文学作品中的散文，学习价值应在发现作者的独特感受与独特表达方式上。当然，从根本上说，文学与非文学本来就没有明确界限，我们今天学习的古文名篇，如《出师表》《陈情表》《捕蛇者说》，甚至《左传》和《史记》，在以前大都为实用而写的，是典型的实用文，可是现在我们已经把它们当作文学作品来读了。因为随着时间的推移，这些文章的实用价值在慢慢减少，而文学价值则不断上升，因而就变成文学作品了。杂文属于政论文，本来实用性是很强的，鲁迅把它写得很有艺术性，我们今天就可以把杂文当文学作品来读了。说到底，文体是一条连续的谱系，界限是人为划分的，位于各类文体边缘的很多文章是很难归到哪一类的。一般我们所说的文章，应该是某类文体中比较典型的代表。

（三）理解性阅读与批判性阅读失衡

在教学设计中，常见两种走极端的倾向。一种是不分文章特点和优劣，一律把教学目的定为理解文中的观点，把它们当真理让学生掌握。另一种是不看具体写作背景和写作的针对性，一味地质疑、批判。

理解性阅读与批判性阅读是两种基本的阅读方式。理解性阅读主要是理解与鉴赏，即看作者写了什么，有哪些内容值得吸收，有哪些手法值得借鉴，利在学习知识。而批判性阅读主要是判断与质疑，即看文章的内容哪些有道理，哪些有问题，文章的论证哪些成立，哪些不成立，哪些地方还可以表达得更好，利在锻炼思维品质。

两种阅读方式决定了两种不同的教学价值取向。但是，两者并不是非此即彼的关系，而是互相联系的辩证的关系。从阅读过程来看，一般是先理解后质疑；从学习阶段来说，一般是初中多理解，高中多批判；从文章性质来说，一般是经典多理解，时文多辨析。因此，教师在教学设计及实施中应该避免的是不分具体文章、具体段落、具体结论，一味地当作真理全盘接受，或当作毒草全盘否定。比如，在鲁迅文章的阅读教学上，教师就容易走极端，在教学中应注意避免。

第六节　说明类文本阅读的教学设计

　　说明类文本是就某一事物或事理做解释和说明的一类文体，如产品说明书、会议议程介绍、科学原理介绍、旅游指南、图片及电视解说词等，在日常生活及社会生产中具有广泛的用途。说明类文本的主要特征如下。

　　1. 以信息传达为主，较少运用抒情和议论。

　　2. 实用目的突出。

　　3. 说明内容明确，如事物的成分、形状、结构、功能、价值、使用方法以及背后的原理等。

　　4. 语言平实、表述准确。

　　5. 条理清楚，许多说明类文本都用一定的格式或条目呈现，以方便读者尽快找到想要的信息。

一、说明类文本阅读教学的价值

　　说明类文本是与日常生活关系最密切的文本，有人估计，一个人一生中阅读最多的就是说明类文本。随着生活内容的丰富和社会分工的细化，我们在日常生活中接触到的新产品、新概念、新功能会越来越多，而了解这些新事物的主要途径就是阅读说明书。因此，能阅读各种类型的说明类文本，从说明类文本中迅速搜索相关信息、准确理解这些信息的内涵，不仅是日常生活中必不可少的能力，而且对一个人未来的职业发展意义重大。

说明类文本的表达对象具体，一般应该用最简明的结构和语言把事物的要点说清楚。阅读说明类文本，可以学习其简洁准确的语言风格，这对提高日常生活中的沟通能力也有帮助。说明类文本的格式化呈现和相对严谨的文风，对培养学生思维的条理性和表达的严谨性，也有不小的价值。

二、说明类文本教学目标的确定

在现代文体分类学中，说明类文本属于非文学作品类，与新闻报道同属于实用类文本。这类文本的共性是内容的具体性、表达的针对性和语言的准确性。说明类文本教学目标的确定，也应该围绕这些展开。

1. 了解说明内容。即考查它有没有抓住重点、突出特点，这是一篇说明类文本的使用价值所在。

2. 发现说明特点。即考查它有没有把事物的特点说清楚、说明白，便于读者参阅。

3. 判断语言风格。即是否针对读者心理，把话说得准确而有趣味，使读者乐于阅读。

4. 总结说明类文本的阅读方法。即这一篇说明类文本中在哪一点上具有某一类说明类文本的共同特征，按照这种特征去阅读，就可以获得有价值的信息、提高说明类文本的阅读效率。

三、说明类文本阅读教学内容设计的考查维度

说明类文本的教学设计，不妨沿着下述四个维度去展开。

（一）考查"说什么"

考查"说什么"就是看一篇说明类文本在"哪些需要说，哪些不需要说""哪些多说，哪些少说"上做得如何。考察"说什么"的依据有三条。

1. 是否属于该事物的本质特点或重要特点，不说明则会影响人们对其主要价值的了解。例如，建筑物的结构、昆虫的形态、植物的生长周期、工艺的制作过程、文物的历史价值、药品的功效等，都是不能不说的。

2. 读者可能有哪些特别需求、更关心哪些信息。从文章当初是发表在何处，为什么人而写等角度考查选点是否恰当。

3. 被说明对象、说明材料自身是否已经较清晰地透漏了某些信息。例如，被说明对象是照片、影像材料，则画

面上已经呈现相关信息，就不需要再加以说明。

（二）考查"说明白"

影响"说明白"的因素主要有说明顺序、说明方法和说明难度。因而考查说明类文本是否说得明白，可以从以下三个方面来衡量。

1. 说明顺序，是引导读者认识被说明事物的路径。按照人们生活习惯的顺序说明，会利于读者明白。如我们观察事物一般都依时间、空间的连续变化线索为序，尽量不要跳跃；认识事物一般都按照由浅入深、从现象到本质、由果求因的线索，一般不能乱；另外，工具的安装使用顺序、工程的推进顺序、生物的成长顺序、风景的参观顺序等，一般不能颠倒，这都是符合人的思维习惯的结构线索。

2. 说明方法，是说明类文本中传递信息的工具和手段。如果我们把说明看成是专家向普通人做翻译，例如面对一个古董，普通人看不出它的价值在哪里，经专家一介绍就明白了。在这里，古董中的信息就像一篇看不懂的外文资料，那么说明方法就是翻译所用的词汇和语法。说明内容与说明方法一致、说明目的与说明方法一致，则有利于把事物"说明白"。当然，考查说明方法不能停留在"用了什么方法"，还要进一步探究"为什么用这个方法"以及"用得怎么样"。

3. 说明难度，即作者对说明难度的控制。通常情况下，我们可以从假定的阅读对象、说明文的写作时代、说明文发表的媒体这三个角度去衡量其难度。我们曾听到有人批评一些语文教材中的说明类文本写得太浅显了。其实，这些文章的写作年代可能是20世纪50年代，当时，人们受教育程度不高，小学水平已经算是有文化了，这些文章就是写给初通阅读的人看的。因此，在考查说明难度时，应充分考虑其写作的时代特点。

（三）考查"有趣味"

是否有趣味是影响人们对说明类文本的阅读态度进而制约阅读效果的重要因素。考查说明类文本是否有趣味，可以从下面三个角度考查。

1. 说明身份。即作者与被介绍对象的关系，以什么职业、身份、口吻做说明。例如，要介绍一条小河，我们可以设想做这样一些介绍身份的选择。

①以科学家的身份和口吻。

②以导游的身份和口吻。

③以游客的身份和口吻。

④以当地居民的身份和口吻。

⑤以小河自身的口吻。

⑥以河中一条鱼的口吻。

无疑，越是后面的身份越有利于把文章写得"有趣味"。不过，我们看到的说明类文本，这类说明身份还不多见。

2. 说明方法。说明方法有许多种，有的主要作用是

"说明白"，如"列数字"；而有的说明方法兼有增加趣味的作用，如"打比方""举例子"。什么样的比方，什么样的例子更有助于增添趣味，是很有讲究的。例如，用我们身体上的器官打比方，用我们生活中特别熟悉的东西打比方，往往就特别有趣味。

3. 说明语言。语言风格是形成文章趣味的主要手段。比如，多用形象化的表达可以增加趣味，不少修辞手法如夸张、比喻都能增加趣味，幽默风趣的语言可以增加趣味。当然，有时趣味性可能会对说明文的科学性、实用性造成伤害。例如，对药品功能的说明，就不一定适合用幽默的语言。因此，在考查语言风格的优劣时，应根据说明对象和目的做综合考虑。

（四）总结阅读方法

阅读方法是适用于某一类文本共同特征、带有规律性的，有助于高效理解文章的方法。说明类文本的社会价值在于实用，它与小说、诗歌等文学作品做对比，形式方面变化少，但也还是有规律可以总结的。比如，说明人身份方面的特点、结构划分方面的特点、针对读者群选择语言风格的特点等。从某一个表达特点入手，往往可使学生对这一类说明类文本的理解变得更加透彻。

《死海不死》的教学实录

教师：今天要和同学们一起阅读的是一篇说明类文本。先请同学们打开课本，看一下目录的第一页，这一页共列出两个说明类文本单元，我们要阅读的说明类文本就在这两个单元里，同学们还不知道是哪一篇，现在给你们一个条件：这篇文章的标题很能引起人们阅读的兴趣，你们猜是哪一篇，看谁猜得快、猜得准。

（学生看书后纷纷举手。）

教师：看来同学们都知道是哪一篇了，你们真聪明！好，你来说。

学生A：《死海不死》。

教师：完全正确！你能说明一下为什么是这一篇吗？

学生A：这个题目叫"死海不死"，既然是死海，可又为什么说它不死，这就在读者心里造成悬念，引起了阅读的兴趣。

教师：刚才好多同学都举手了，你们猜的也是这一篇吗？有猜别的课文的吗？

学生（众）：也是这一篇。

教师（指一学生）：那你同意刚才那位同学的意见吗？

学生B：同意。我认为这个标题本身包含着矛盾："死海"和"不死"，使读者产生疑问，急于想去读文章，弄明白究竟是怎么回事。所以这个题目对读者有吸引力。

教师：有不同意见的同学请举手（无人举手）。有补充意见的同学请举手（无人举手）。哦，"英雄所见略同"。看来，你们一个个都是小"英雄"！（笑）不过，我还有个问题想考考各位"英雄"：标题上有两个"死"字，它们的意思是一样的吗？

学生C：前一个"死"字指没有生命，第二个指淹死、死掉。

教师：完全正确。你课前有没有看过这篇课文？（学生摇头）那你怎么能回答正确？

学生C：我在地理课上学到过。

教师：啊，真好！地理课上学到的知识，用到了语文课上，这叫知识的迁移。学习中，我们经常注意迁移，知识就学活了。现在请同学们把书合拢，暂时不要看课文，大家回忆一下地理课上学到的关于死海的知识，比一比谁的记忆力好。（指在偷偷看课文的一个学生）哈，你违规了，不许偷看！

（学生思考、回忆，片刻后陆续举手。）

说明类文本教学中最容易出现的两个问题：一是内容教得简单，只关注文章里说了什么，看不到浅显内容以外的东西；二是教得枯燥，总是说明内容、说明方法那一套。在说明内容上，学生一看就明白。在说明方法上，学生又觉得枯燥无味。这的确是挡在说明文教学面前的两只拦路虎。而钱梦龙老师对《死海不死》的教学，恰恰在这两个问题上有突破。他把学习的主体换成学生，两个问题就迎刃而解了。当然，在这样设计的背后，有他根深蒂固的学生主体观和长期磨炼出来的教学艺术做支撑，否则，仅仅是形式，就变成一种花招了。

四、问题与对策

（一）不重视说明类文本教学

一些教师觉得，说明类文本的主旨不具备深度和理解的多元性，也没有故事悬念吸引学生，没有多少东西可供深入挖掘，教学中很难出现亮点，因而会不自觉地忽视说明类文本的教学。

的确，大多数说明类文本结构简单，内容明确，语言平实，学生一看就懂，似乎不需要教什么。于是，一些教师会把教材中的说明类文本篇目当作自读课文让学生自学，或者在教学中把课文内容简单梳理一遍，几乎没有教学设计。这是不好的习惯。

说明类文本的内容看上去简单，但是因其内容实用性强、写作目的性突出，为读者服务的意识要求更高。因此，说明类文本表达方面的要求并不低，在看似平实的背后，往往隐藏着作者的用心。教师在教学中，还是应该在说明重心的确定、说明角度的选择、说明顺序的安排等方面寻找特点，精心设计教学活动，让学生明白平淡背后的道理，学到其精要。

(二) 不考虑学生的学习起点

不少教师习惯用"过课文"的方式完成教学过程，也就是将课文一段一段地学一遍。当然，区别在于这个"过"是由教师串讲还是师生讨论。用这种方式来教说明类文本，就是逐段分析这一段写了什么，教学过程变成了翻看流水账。

还有的教师是按说明对象、说明内容、说明方法、说明语言，对课文进行分析，按部就班地教学，但学生往往没有多大学习兴趣。

这两种做法的共同问题是，没有考虑说明类文本的特点、没有顾及学生的学习起点。如前所说，说明类文本一般条理清晰、语言平实。对其中的说明内容、说明方法等基本信息，多数学生自己能够读懂。教师如果再把它设定为教学目标，当然没有多大价值，学生也不会感兴趣。

调整方向有两个。一个方向是教师向学生了解，哪些是他自己已经读懂了，哪些还有疑问。然后教师再根据学情组织教学。另一个方向是教师把教学转向阅读方法的提炼。语文课堂教学与生活阅读的主要区别是有指导的、高效的，为获得阅读方法和学习能力的学习。因而理解文本的基本内容仅仅是阅读活动的第一步，但不是最终目的。

何况在媒体发达、信息渠道多元的今天，多数说明类文本所介绍的知识在学生看来已经属于常识。因此，单纯梳理内容的教学就没有多大价值。那么教学的侧重点就可以转为：通过一篇课文的学习，理解一个特点，发现一种阅读路径，从而提高对该类文本的阅读能力。比如，梳理《晋祠》的空间结构，学习按空间结构关系理解说明类文本，建构说明类文本的写作框架。

（三）把说明类文本当作文学作品或文化经典

教材里的某些说明类文本，说明对象为中国著名的文化标志物，作者又是文坛的名家，称得上形式、内容俱佳的好文章。可能正因为如此，有些教师在做阅读教学设计时，不由自主地把它们当成了文化经典篇目或文学篇目，在教学时过多地纠缠于说明对象的历史文化价值。比如，借《晋祠》感受祖国的历史文化名胜，借《中国石拱桥》赞美中国古代的建筑成就，借《苏州园林》讨论中国的美学思想。我们不能说这些教学目标没有价值，而要说如果把它作为教学重点的话，就偏离了说明类文本的价值框架。一般来说，说明类文本教学的重点，还是应该聚焦在使学生了解说明类文本的特点、学习说明类文本的表达方法、提高说明类文本的阅读和写作能力等方面。至于情感与价值观目标，最好是隐藏在语文素养达成的基本目标之后，即在读的过程中潜移默化地达成。

第七节 文言文阅读的教学设计

初中与高中语文教材都有一定比例的文言文篇目。文言是一种汉语书面语体，最早出现在先秦，一直通用到近代。文言文有时也俗称为古文，但古文是从时间角度来界定的，而每个时代定义的古代可能不一样，因而会产生歧义。文言文则是指相对于现代白话文而言的语体，含义比较明确，因而表述更加准确。

文言文与白话文两种语体并存于一套教材中，这是世界母语学习中较为特殊的一种现象。因此，既要兼顾两种语体各自的特点，又要协调两者的关系，这是我们语文教学中特殊的课题。

语文教材中选入的文言文篇目，类型丰富，文质兼美，可谓中国历代优秀人士思想和语言才能的结晶。文言文篇目中值得学习的内容，大体可以归为四种，即文言、文学、文章、文化，这也是文言文教学设计的四种价值取向。

一、文言文教学价值的选择

在文言文教学中，选择哪些篇目作为教学材料、选择什么内容作为教学重点、如何进行学习测试，体现了对文言文篇目教学价值的不同判断，由此形成了文言文教学的不同观点。过去一段时间里，对文言文教学重点的选择，一直在两个问题上存在争议：一是更注重语言文字与更注重思想内容之争，即所谓"文道之争"，这可看作工具与人文之争在文言文教学中的具体体现；二是把文言文篇目主要当作文学作品来欣赏学习，还是把它当作表达的范文来学习，即文学与文章之争。这两个问题、四种观点，实际上就是在教学设计时，如何对文言、文学、文章、文化四种学习价值做取舍，如何处理其有无、先后和轻重的关系。文言文四种学习取向的具体内容如表4-8所示。

表4-8　文言文四种学习取向的具体内容

学习观	出发点	主要内容	积极意义	问题
重文言派	当作古汉语词汇、语法集成学习。	造字法、实词、虚词、句式。	有利于掌握文言工具，以便更多、更好地学文言文。	容易影响兴趣，为学文言文而学文言文。

续表

学习观	出发点	主要内容	积极意义	问题
重文学派	当作文学作品学习	人物形象、环境、描写、细节、画面、意境、审美趣味。	了解生活，提高文学修养，激发学习兴趣。	需要解决文字障碍，有些文言文经典不是文学性作品。
重文章派	当作表达范文来学习	选材、叙述手法、修辞手法、结构形式、节奏控制、读者意识。	借助丰富多样的文体，提高表达技巧和谋篇布局能力。	并不是所有文章在文体、章法上都有典型特点，容易机械套用。
重文化派	当作文化典籍来学习	价值观、哲学观、世界观、生命意识、生活观。	理解先哲思想，继承传统文化，提高人文素养。	易被视为说教，有的文章存在糟粕。

以往的文言文教学，从语言文字知识掌握、语感获得的角度设计教学，从文化内涵的角度设计教学的比较多见。近年来，强调从文章学、叙事学等角度考察教学内容的文言文教学也多了起来，例如：

1.《秦晋崤之战》里的婉辞艺术（人物身份、场合、性格与语言表达方式）。

2.《过秦论》里的形象化表达效果。

3.《愚公移山》里"障碍—排除"式叙事模式。

4.《林教头风雪山神庙》里情节的因果关系。

5.《陈情表》突出的对象（读者）意识。

6.《出师表》多角度铺陈的说服艺术。

7.《湖心亭看雪》里的简约至极的白描手法。

8.《前赤壁赋》里运用主客问答造成的推进与突转。

按照上面的提示，如果以这些文言文在结构及表达上的突出特点为抓手，可以设计出精彩的教学方案，从某种程度上可以改变古文教学内容单一的现状，值得尝试。另外，文言文里的四种信息之间更多的不是相互排斥的关系，而是互相协调、互相融合、彼此促进的关系。教学设计应合理调配四种价值间的关系，不一定拘泥于成见，更不要热衷于分什么教学派别。

二、文言文教学设计原则

文言文的教学设计，首先是教学目标的确定，其次才是教学方法的选择。具体到哪一篇应该选择教什么，可参考如下几点。

（一）要有课程的整体意识

所谓课程意识，就是从育人目标和课程框架的整体出发去考察一节课的教学目标。一般来说，理想状态下，教材的编写已经充分考虑了语文课程的整体育人需要，并把它的意图赋予了每一册每一单元甚至每一篇课文。但是，教材建设的实际情况与理想总是有差距的，因此还需要我们依据课标的要求去审视课文，包括文言文篇目，并根据学生情况把教材提示的教学目标具体化，有时还可能对教学目标做些补充或调整。

（二）目标选择可分类对待

文言文是对我国近代以前书面语体文章的统称，并不是一种文体类别。同样属于文言文，因作者意趣不同，表达场合及格式也有差异，其学习价值也应该有所区别。在设计教学目标时，教师应该充分考虑其差异并区别对待，例如，对论语之类的文化典籍，可重点作为人生修养必备来学，要求理解和背诵；对《桃花源记》《醉翁亭记》等古代散文，可作为文学作品欣赏，要求理解人物形象和体验审美趣味；对《谏唐大宗十思书》《五代伶官传序》等论说类，可借鉴社会寓意之深、表达方法之妙。这样才能突出文言文篇目的特殊文化教育价值。当然，绝大多数文言文篇目在思想内容和表达方式上都有一定的过人之处，学习其中的思想价值不能算错，要注意的是不要全部变成思想内涵的讨论。

（三）轻重不妨个性化处理

理论上说，文言文篇目都是精选出来的历代优秀作品，在教学内容的选择上应该选择那些公认的价值点作为重点目标，在时间的安排上应该一视同仁。但是，文言文其实也是内涵丰富、价值多元的学习材料。在教学设计时，教师也不妨暂时放开统一的教学计划，而根据自己或学生的情况取舍。比如，在自己较擅长的部分、自己读来最有心得的文章、自己最看重的技能上，多花些时间，讲深学透。这在引导学生获得文言文语感和知识并喜欢上文言文，会起到以一当十的效果。

（四）设计符合文言特点的学习活动

按教学论要求，一般来说，教学目标、教学内容和教学方法彼此关联，互相制约。赋予一篇文言文什么样的教育价值，就应当选择相应的教学内容，同时，在教学方法选择、教学流程的设计上，都会相应地有所选择或侧重。文言文教学常用方法及适应对象的大致关系如下。

1. 背诵：文字意义、文史知识、文化意象、名句名篇积累。

2. 讲授：解决理解障碍、思想内涵挖掘、表达妙处赏析。

3. 吟诵：借助母语学习特点，帮助记忆，培养语感，有利于积累。

4. 讨论：对把握篇章结构特点、主旨理解有帮助，便于总结规律，提高学习效率。

5. 鉴赏：有利于情感体验、文本细读能力提高。

6. 探究：对文章特点、思想内涵可深度挖掘，利于多元的、理性的、批判性思维培养。

教学方法与教学内容的相关性不应该是机械的，不同的教学方法也没有绝对的优劣，而应依据课程要求、学生及教师等各种情况灵活选择。

《鸿门宴》教学设计

教学目标

1.厘清文章叙写的事件，理解《鸿门宴》张弛有度的叙事手法对展现人物形象的意义。

2.理解司马迁追求的实录精神。

说明：我们之所以确立如上目标是因为：（1）本文具有《史记》文学叙事结构的典范性。《史记》的叙事手法对古代的小说、戏剧、传记文学、散文，都有广泛而深远的影响，是中国叙事文学重要的源头活水。本文又是《史记》中极具代表性的篇章，本篇的叙事和人物形象塑造手法值得学习、鉴赏。（2）学情所需。高一学生通过这一单元前两篇文本的学习对古代记叙散文叙事艺术有一定的了解。在此基础上，进一步从叙事手法的角度加深对古代记叙散文的鉴赏，有助于提高学生的鉴赏能力以及对作者在文本中寄寓深层情感的领会能力。

教学重点、难点

重点：梳理文章事件，感受张弛有度的叙事手法，并理解其对展现历史人物的意义。

难点：理解司马迁在实录史事的基础上刻画典型历史人物的意义。

教学时间

1课时。

教学过程

教学过程见表4-9。

表4-9　教学过程

教学环节	教师活动预设	学生活动预设	设计意图
课题导入，激发兴趣	《鸿门宴》是一个历史的转折点，是一场惊心动魄的斗争，秦末起义军的两大首领（刘邦、项羽）由联合破秦到互争天下的转折点。今天，我们就跟着司马迁的笔墨重回那段历史，看看在《鸿门宴》上究竟发生了哪些事件？（提示：宴前—宴中—宴后）	通读全文，概括文章的事件。（尤其注意有关项王的事件不要遗漏）宴前：无伤告密、项王拟战、范增劝击、项伯夜访、张良献计、笼络项伯、项王许诺。宴中：刘邦谢罪、项王留饮；范增举玦、项王不应；项庄舞剑、项伯翼蔽；樊哙闯帐、项王赐酒。宴后：沛公如厕、张良留谢、项王受璧、无伤被诛。	了解文章所写事件，厘清脉络，锻炼概括能力，同时为感受张弛有度的叙事手法做铺垫。
初读感知，把握事件	请同学们交流阅读这些事件时的感受。（要求：结合课文叙写事件中的语言）	1. 再读文本，交流阅读感受。 2. 在板书对应的事件上标注表示情绪高低的点。	再读文本，感受《鸿门宴》的叙事波澜。通过板书上点的连接，更直观地感受司马迁叙

教学环节	教师活动预设	学生活动预设	设计意图
			事手法的波澜起伏、张弛有度。
深入探究，把握人物	在事件的起伏中分析主要人物项羽的性格。	1. 圈划各个事件中项羽的言行表现。 2. 学生分组讨论（宴前、宴中、宴后）项羽在事件中所展现的性格。 （联系具体事件及司马迁的分析） 3. 归纳项羽在对待不同问题、不同人物时所表现的性格层次： ①志向——称王、复仇； ②待人——率直、磊落； ③对己——自矜功伐、奋其私智。	深入文本，在事件的起伏中分析《鸿门宴》中项羽的性格层次。
思考交流	补充（项羽入关之前的事件）项羽乃召黥布、蒲将军计曰："秦吏卒尚众，其心不服，至关中不听，事必危，不如击杀之。而独与章邯、长史欣、都尉翳入秦。"于是楚军夜击坑秦卒二十余万人新安城南。 问题：读了这段历史事件，你对项羽又有怎样的认识？	1. 了解其凶残的一面。 2. 分析鸿门宴不杀刘邦的主要原因之一——形势决定，不可杀。	1. 进一步学习阅读史传类散文的方法——在历史事件中了解历史人物。 2. 激发学生阅读《史记》的兴趣。

续表

教学环节	教师活动预设	学生活动预设	设计意图
课堂小结	展示"太史公曰"。（略）	结合本文的学习，总结古代纪传体散文的阅读方法，以及司马迁的实录精神。	明确司马迁通过波澜起伏的事件展现项羽形象，是在实录的基础上刻画典型历史人物，不虚美、不隐恶，爱而知其丑，司马迁的伟大正在于此。
布置作业	1. 以"项羽，我想对你说"为题，写一段文字，200字以上。2. 推荐阅读《项羽本纪》。	课后完成。	在写作和阅读中进一步加深对历史人物项羽的认识。

　　"鸿门宴"三个字已经成为我们民族文化中的一个公共意象，根据这一情节改编的影视作品不断推出，原因固然是"鸿门宴"本身波澜起伏的情节，并且与司马迁对人物形象的成功塑造也有重要关系。《史记》的文学成就之一就是它的叙事艺术。陈慧老师确定的教学目标是分析该文本的叙事特征，凸显了文言文的一种教学价值，也符合《史记》的特点。这样的教学重点，文言字词理解、句式积

累就显得不那么重要了。

《游褒禅山记》教学片段实录

许多老师害怕文言文字词教学，读一读《游褒禅山记》第二课时的部分记录，也许能得到一些启发。

本课指导学习课文第三、四、五段。重点是第三段，仍以释疑词句为主，巩固上一课的学习所得。但本课要求学生自己能有所发现，自能提出，自能索解，相对减少教师的提问。

下面是学生提问的主要问题。

学生A："于是余有叹焉"的"叹"，为什么要译成"感慨"？说"感叹"行不行？

学生B：在段落开头就说"于是怎样怎样"总觉得不够自然，说"我有感慨"也不习惯，该怎么去表达才好？

学生C："古人之观于天地、山川、草木……往往有得"，这里的"之"和"于"可否不译？就说"古人观察天地、山川……"不是更简洁吗？

学生D："无不在也"可否译成"无所不在"或"无所不到"？

学生E：注解⑩中"继之以"的"以"是什么意思？如果说成"用停止继之"是讲不通的。

学生F："于人为可讥"这一句课文翻译成"在别人

（看来）是可以嘲笑的"，不符合讲话习惯，我想应该译成"在别人认为可笑"。

学生G：这一段的中心句是"于是余有叹焉"，还是"此余之所得也"。

学生H："余于仆碑……何可胜道也哉！"似乎有些前言不搭后语，译起来总觉得不顺口。

学生I："夷""近""险""远"这四个字，除了"夷"，其他三个字很难找到恰当的双音词。

以上所问皆有讨论价值。下面是教师启发学生讨论的结果。

其一，"感叹"与"感慨"都是触感生情，但"感慨"多由于联系对比（联想对照）而生出一番带惋惜的感想。"感慨系之"的"系"就是联系、牵连、引发的意思。从课文看，作者并不单是叹息一番而已，还发了议论，寓有惋惜、悔疚之意，故译为"感慨"较确切。

其二，"我有一番感慨"或"我生出一番感慨"都说得通。一般不说"有感叹"。"感慨"在使用中已带有名词性质，可跟动词"有"搭配。再说"于是"，现代汉语用作连词，意义较虚，而在古汉语里表意却比较实在，一般当译成"对此""在此"，也具有承接上文的作用。在这里译成"对此"更合适。

其三，"古人之观于天地……"一句，有两种译文，一是"古人观察（览）天地……"，二是"古人对天地……

的观察（览）"。细加辨析，可发现作者在这里是强调一个"观"字，因为它不是一般的游目骋怀，一饱眼福而已，而带有考察、探究的意思，即古人所提倡的"格物致知"的意思。故第二译比较近于作者的意图，与"往往有得"也配搭得更紧密。

其四，"无所不在""无所不到"都符合原意，译得很准确。虽然不是口语，但明白就好。

其五，"继之以"的"以"，后面必然要跟着一些词，表示拿什么去"继之"，因此"以"就相当于"拿""用"等，是介词。但习惯上不说"用停止去继之"，只说"继之而停止"或"接着停止下来"。不过，若解释"随"为"跟（别人）"，课文中的"悔其随之"即是此意，则"以"即相当于"而"（连词）。译成"不跟着别人停止"似乎更符合原意。

其六，赞同学生F的看法，既准确又简明。"为"即相当于现代汉语的"认为"，大可不必硬翻译成"是"。

其七，中心句应是"此余之所得也"。"此"概指前文，结尾来一句总说，很自然。况且，"有叹"为虚，"有得"是实。取实为佳。

其八，"余于仆碑……"一句关键要弄清楚作者"悲"的是什么。这个动词是管到"莫能名者"还是管到"何可胜道也哉"。显然，若只管前者，则"何可胜道"的主语就不知何指。揣摩文意，"何可胜道"的正是前面讲的由于古书不存而弄成"谬其传而莫能名",此类事实在多得很,不能不令作者感到遗憾而兴叹,可见"悲"以下24个字应该当成一句长句来读,要一气贯串下来,不可在"何可胜道也哉"前停顿太久。(教师就此范读一遍,学生跟读一遍。)

其九,"夷以近"和"险以远",较好的翻译应该是"平坦而近便""险峨而僻远"。只有从"游"的角度去识词辨义,才会妥帖。若说"险峻""险阻""遥远",只能用于形容山势,说明道路,皆不甚妥切。

以上片段是第二课时开始阶段的教学环节,解决学生所提问题,此后还有学习"以"的用法和"因事明理"的写作特点。第一课时大致的教学流程为:

指导阅读第一、二自然段。

问题一:"舍"解释为"筑舍定居"的根据是什么?你见过类似的例子吗?这样解释是古汉语的什么特点?

问题二:旧版的课文把"卒葬之"译为"终于葬在那里",现改译为"死了葬在那里",哪一个更准确?为什么?

问题三:请从下面提供的答案中选择一个正确的,并想想为什么。

1.其下平旷。其:A.指代"褒禅山";B.指代"仆碑";C.指代"华山洞"。

2.由山以上五六里。山:A.褒禅山;B.华山洞;C.山路。以:A.介词,如同现代说的"以上""以下""以东"；B. 同"而"；C. 往。

问题四：第二自然段从记叙的详略上可以了解作者的写作意图是什么？

第一课时结束前，通过朗读再熟悉课文（第一、二自然段）一遍，然后布置预习第三、四、五自然段。要求：1. 将"以"的不同用法找出来。2. 认真译出"有志矣……亦不能至也"一段话。

三、问题与对策

（一）学生对文言文学习有抵触

汉字是世界众多古老文明中唯一流传下来且还在使用的文字体系。在漫长的演变过程中，不少汉字的字形、意义变化较大，语法规则更是有了较大的分野，于是导致了文言文和现代白话文之间有许多差异。

文言文与现代白话文的这种既联系又区别的关系，对汉语母语学习者来说具有两重性。一方面，学习者可以从大量古代典籍和作品中汲取语言文化营养。另一方面，学习者又要克服表达方式不同造成的理解障碍。但对中学生来说，他首先感受到的是学习负担，于是，文言文就成了中国学生语文学习中的"第一怕"。

要帮助学生克服对文言文的畏惧心理，不妨采用先易后难、循序渐进的原则，开始学习时少进行字词知识和语法的记忆，而以阅读感受、理解大意为主。同时，采用灵活多样的方法，让学生接触文言文，了解它的精妙之处，渐渐喜欢上文言文。比如，背诵名句小比赛，在黑板报上每周介绍一则成语典故等。经过一段时间积累，学生会慢慢克服排斥心理的。

（二）教学内容比较单一

在文言文教学中，很多教师比较注意对思想内涵的挖掘，相对而言，会忽视篇章结构和表达特点的教学。主要原因可能是我国本土的文章理论建设不足。具体表现有：

1. 元理论缺乏。能用来阐释古诗文文章特点的概念不成系统、难以作为公共知识。

2. 概念模糊，教学价值点笼统。中国传统文论中有一些描述、评价古诗文的概念，但是，这些概念多依靠个人的感觉揣摩，含蓄、笼统，难以直接作为教学点。如某套语文教材中的训练题："感受或幽深曲折，或挥洒自如的风格""峭拔的骨力和清冷的色调相糅合，构成了柳宗元山水散文独特而典型的风格"。这里出现的几个界定文体及表达特点的关键词"幽深曲折""挥洒自如""峭拔的骨力""清冷的色调"，都属于那种只可意会、不可言传的感觉描述，内涵不确定，作为教学目标则很难落实。

3. 教材中的相关提示不具体，有的教材在学习提示和训练部分往往只出现概念名，没有对概念内涵的阐释，更没有运用概念开展训练的步骤。比如这样的训练题目：

"韩愈以夹叙夹议的笔法，塑造的张巡等形象，具有强烈的感染力"，但课文后面既没有解释什么是夹叙夹议，也没有关于用夹叙夹议的视角阅读韩愈文章的训练；再如人教版《苏武传》《张衡传》训练题都涉及"传记"，但对"传记体"这一概念的核心问题："为什么写""写什么""怎么写"教材几乎没有阐述，更没有要求围绕"传记体"这一核心知识学习《苏武传》《张衡传》，这就很容易使教学仅仅定位在学文言和学思想内容上面。

（三）以内容串讲为主

教师串讲曾经是文言文教学的常规教法。随着教育观念的更新，这种教法渐渐被其他教法取代。串讲的好处是信息传递准确，节省课堂时间，最大的问题还在于学生是被动学习，不利于其兴趣培养和阅读能力的提高。

教师喜欢串讲不一定因为惰性，可能出于担心，以为放开让学生自主学习肯定会漏掉哪个字词、讲错哪处语法。因此，要减少串讲式教学，教师首先应改变对文言文学习意义的理解，知道解决字词、语法只是理解文章的手段，而不是目的。再说，对于一堂课、一篇课文来说，没有哪一个字词是非掌握不可的。观念一解决，具体教学方法就不难了。

第八节　整本书阅读的教学设计

　　读书曾经是学习的代名词，意思是，学生上学就是去读书的。但是，不知从何时起，上学的内涵开始发生变化，儿童到学校不再是去读书，而成了一节一节听老师讲课、一本一本做作业。就连最应该读书的语文学习活动，也很少用来读书。

　　从20世纪80年代末开始，社会舆论开始为语文课堂不读书而担忧。近年来，大家对语文学习的理解又逐渐回归常识：语文学习的关键在阅读，保证阅读效果的关键因素是阅读量，而要达到一定的阅读量，不能没有整本书的阅读。因此，开展整本书的阅读正是补救浅阅读、碎片化阅读以及应试阅读的良药。

一、影响整本书阅读的因素

　　影响整本书阅读的因素，除了青少年内在的需求强弱以外，还有三个外因，一是国家的课程建设，二是家庭阅读环境，三是教师的阅读教学的引领。如果从这几个方面入手，每个环节都做一些改进，又能形成合力，则在改变语文学习的某些现状上还是有所作为的。

（一）国家的课程建设

以整本书作为语文阅读的基本单位，其实是一种传统的读书方式。过去古人形容读书人"手不释卷"，除了肯定其读书态度以外，应该也包含读书方法的成分。也就是说，读书要以一卷或一本为单位，读书要有一定的连贯性，特别是好书，最好一口气读完；对一本书常常要反复阅读、持久涵泳，才有可能得其精髓。但是，自从引入班级教学制和分科学习制以后，分类知识和分课时学习便成为学校学习的主要组织形式。就语文课来说，阅读短文和文章节选成为主流，而以一本书为学习单元的教学方式随之退出了课堂。因此，若是让整本书阅读在课堂教学中占有一席之地，一定要从课程建设的角度着手，即从课程标准制定开始，给整本书阅读以足够的空间。具体途径有以下四种。

1. 区分课程形态，即规定哪些课可以读短篇课文，哪些课必须读整本书。

2. 规定阅读篇目的范围，即哪个年级段必须读完哪些长篇书目。

3. 明确阅读方法，即对哪些内容、篇目建议采用哪些方法，如浏览、做读书笔记、读书报告会等。

4. 评估阅读结果，即将整本书的阅读状况计入学生的学业水平测试。

从目前的课程建设状况看，第一条已经做到了。2017年版的普通高中语文课程标准中已经设置了整本书阅读任务群，并且贯穿高中三年。第二条即规定阅读篇目的范围，也做了一部分。我们知道，我国古代的科举制是给学生划定阅读范围，而不是仅列出参考书，至于哪些书目可以入选，其实并不是最重要的。有时候，我们纠缠于一些细节，倒把大方向忽视了。第三条是阅读方法上对课堂讲读式加以限制。这一条目前还只是建议。第四条是将整本书阅读与考试挂钩，这样才能真正发挥阅读导向的作用。一个有可比性的例子是，教师对字词掌握的要求、对背诵篇目的要求就不敢有丝毫怠慢，而且往往还会自觉加码，这是因为掌握字词和背诵都是硬性指标，与考试相关度高。而整本书阅读则属于软指标，学生到底读不读，与考试基本上无关。那么，适当提高整本书阅读指标的硬度，就是改革的思路之一。最近几年，不少省市的中考和高考试卷中开始出现名著阅读和文化典籍阅读方面的试题，虽然分值不多，但是坚持数年以后，已经对学校中名著阅读状况产生了不小的影响。当然，这些试卷中关于名著的考试内容，还是以知识或细节记忆为主，今后可尝试在名著阅读和高考二者的深入融合上做文章。

在英国，英语考试从指定书目中选择考试范围和内容也是一种常规的做法。例如，2005年英国语言考试大纲所列的一份书目，有散文、非文学、诗歌、戏剧四大类，包括《推销员之死》《老人与海》《罗密欧与朱丽叶》等30多部名著。很多题目将涉及这些作品，而且，不同年份的推荐书目会有变化，迫使人们在平时必须大量阅读，这样就能在一定程度上避免考生临时抱佛脚、只去背诵内容提要的应试行为。

(二) 教师的阅读教学引领

社会舆论常常对语文教师在阅读教学上的作用有颇多微词，似乎语文教师对学生阅读状况不佳应负主要责任。这种指责当然有失公允，因为对于整本书的阅读来说，教师所起的更多是引导和影响作用。引导作用主要在课堂教学中体现，而影响作用则要与家庭结合才会产生效果。学校和家庭也是整本书阅读实施的两个主要空间。

不过，在现实中，的确有不少语文教师对学生在整本书方面的阅读指导不够重视，他们对待学生在整本书阅读方面的要求，不像对背诵课文、默写字词、做模拟试卷那样斤斤计较，而往往顺其自然，任由学生自己掌握。教师的这种选择，很难用"不负责任"来概括，主要因为整本书的阅读教学有好多"不可为"之处。

首先是阅读与学习成效的因果关系难以确定。教师把精力用于让学生默写字词、做卷子，有一份投入就见一份具体的回报，这是看得见的功夫。相反，指导学生的课外阅读（当然还有写作教学），则像一个劳动力黑箱，在这个黑箱中，教师投入多少时间和精力，常常看不见直接效果，有时候甚至投入与产出还不一定成正比。于是，按照最俭省化的行为原则，教师一般就不去做得不到激励的事了。其次，整本书阅读在课堂教学中操作性不强。整本书的阅读在阅读基础准备、阅读对象选择、阅读时间选择、阅读方式选择、阅读感受获得以及阅读评价表达等多个方面，都是很个性化的，而课堂时空则恰恰相反，它是一种高度聚焦的、很多方面都是整齐划一的，很难复制真实生活中的阅读情境。20世纪80年代，上海育才中学的校长段力佩老师曾在语文课堂上试行名著阅读教学，边读边议，初中阶段整本读《水浒传》，高中阶段整本读《红楼梦》。但是，这种阅读方式的本质还是精读和片段阅读，与生活中整本书的阅读有很大的距离。而且，段老师的这种读法一学年只能读一两本书，在阅读量、阅读面上也无法满足广泛阅读的要求。最后，是社会阅读环境影响的不可控。青少年时期整本书的阅读，不像工作阅读中的那样主要为获取信息而读，更多是指向情感滋养和内心修为的，或者是偏向诗性的阅读。而在整个社会取向功利化、娱乐化的背景下，教师很难获得迫使学生大量投入非诗性阅读的自信。

二、整本书阅读教学的实施路径

作为一个普通教师，要在语文教学中对抗如此多的问题，往往凭借这样几种法宝：一是靠教师在阅读方面的深厚修养以及个人魅力吸引学生，这类教师是非文青即宿儒的少数，难以普及；二是靠大量的投入来带动学生，这类人需要奉献精神，否则不足以感化学生；三是靠创新的制度设计来激励和管理学生。而这三个方面，都需要教师本身具有情怀，也就是远离社会主流，把教师工作看成神圣的事业，也不以一时的投入产出比来衡量自己的工作。深圳中学英年早逝的语文教师马小平就是一个典型。如果一个语文老师想在阅读教学方面有所作为，还是有许多发挥空间的。

（一）提高课堂阅读教学效率

如何在语文课程中实施有效的整本书的阅读教学？教师不妨从以下几个方面下功夫。

1. 阅读价值观的引领。

2. 阅读共同体的组织。

3. 阅读任务的设计。

4. 阅读过程的监控。

5. 阅读成果的强化。

其中，构建阅读共同体应该居于教学工作的核心地位，如引导学生成立读书小组、组织作品朗诵会、分享阅读心得、展示阅读笔记、举办读书报告等一系列活动，这些活动都会有助于阅读共同体的形成。值得指出的是，从对阅读共同体的影响效果来说，无形的读书氛围的营造比有形的读书活动设计显得更有意义。教师应有意识地在课堂教学中传播敬畏阅读、钟情阅读的导向性信息，如教师显示出自己是一个喜欢读书的人，经常和同学交换图书；把图书当作礼物或奖品送给学生；上课中经常提到某一本书，并表现出十分推崇的样子；对读书表示敬畏，尽量不要嘲笑读书人。教师还可以留心学生正在阅读的高质量的书籍，在公共场合表扬激励爱读书的学生，寻找或者创造机会把这些书推荐给其他同学。教师激励学生投入到整本书的阅读与分享中，借此提升学生阅读整本书的习惯与阅读品质。

当然，设计有挑战的、有趣味的阅读任务，也是激发学生阅读兴趣、引导他们做整本书深度阅读的好方法。国内外这一类的案例非常多，下面是李茂在《彼岸的教育》中提到的整本书阅读任务。

1. 想象你就是书中的某个人物，根据你的经历和感受写一篇日记。

2. 创作一首诗歌、歌曲或一个故事来表现书中的人物、冲突或主题等。

3. 根据书中的某一人物或情节画一张画或图表，并做出相应的详细解释。

4. 想象对书中某一人物进行采访，你可以问书中有关的内容，也可以问其他问题。用你自己的语气提问，然后用该人物的语气进行回答。

5. 为这本书设计一套试题。包括5~10道判断题、10道多项选择题、5道简答题、1篇作文，并制作1页完整的答案。

　　如果坚持一段时间，相信改变会在不知不觉中发生。当然，学校或课程管理者能为在引导学生读书上花时间的教师提供适当的帮助，效果就更好。

　　（二）与家庭阅读建立链接

　　现行课程标准要求义务教育阶段学生的阅读量应不少于400万字，有人认为这个阅读量实在太少了，因为它只相当于两套《哈利·波特》的阅读量，可是同样是400万字，若每天拿出一节课来读，又显得太多了。这说明，整本书阅读的主阵地不是课堂，而应该是家庭。许多研究也显示，早期家庭阅读活动在子女阅读兴趣培养和阅读能力的建构中起着关键作用。课堂教学的主要功能在于激发学生的阅读兴趣，培养他们对书籍的敬畏之心，引导深度阅读以及学习阅读方法，而不在于读多少书。

　　有精力和追求的教师，可以尝试在班级建立家校阅读联动机制，如与家长一起为学生制订阅读计划，吸引部分家长参与学生的家庭阅读管理，家校共享图书资源等。当然，对语文教师来说，首先是弄清哪些是自己能做的，哪些是可以施加影响的，然后再积极行动，把自己该做的那一部分做得好一些，对促进整本书的阅读特别重要。

三、整本书阅读教学设计

在语文学习中，整本书阅读也许是最难归纳具体设计要求的学习活动之一。这在很大程度上源于整本书阅读的许多不确定性，具体表现在以下几个方面。

1. 整本书的篇幅长，一般书籍都在十几万字以上，有的多达数百万字，一次阅读活动难以完成整本。整本书的阅读过程很容易受到各种因素影响，阅读中断是常有的事，这与阅读报纸、杂志、电子媒体里的单篇短文很不一样，因此，阅读任务不易确定。

2. 从书籍的内容看，流传下来的中外名著浩如烟海，每天新出的书目也不计其数。虽然这些书都可以归入整本书，但内容、体例、语言风格差别很大，学习价值常常无法判断，因此，教师很难为所有学生列出统一的阅读范围。

3. 受各种因素和条件的影响，人们对整本书的阅读时间、阅读情境、阅读偏好、阅读速度、阅读习惯和阅读需求会千差万别。因此，无论是阅读进度还是阅读目的，教师都难以提出统一的要求。

4. 古往今来，各种媒体上所介绍的阅读方法琳琅满目，如王继坤编写的《读书方法种种》（山东人民出版社，1984）列有33种，张之主编的《名人读书百法》（江苏科技出版社，1986）介绍了12大类100种读书法，李德成《阅读词典》（四川辞书出版社，1988）仅列的名人读书方法就有340种，令人眼花缭乱，对具体读者来说，很难说哪一种效果更好。

正因为整本书的阅读教学涉及许多不确定因素，因此在平时的生活阅读中，人们都是根据自己的爱好或需要去选择读物和阅读方式的，很难形成通用的阅读模式。而作为语文课程必须完成的学习任务，又必须区分不同读物的特点和学习价值，适当总结整本书阅读教学规律。随着近几年整本书阅读日益受重视，探讨整本书阅读教学的文章和书籍渐渐增多，有的研究不乏参考价值。比如，有学者把整本书阅读教学策略分为"流程策略""自然与共读策略""文类阅读策略""活动组织策略""其他策略"五大类。其中"活动组织策略"大类之下列有"晒书会策略""研究型小论文写作策略""戏剧表演策略""影视资源策略""演讲策略"，"其他策略"大类之下列有"思维导图策略""批注策略""读书笔记策略""对比阅读策略""信息搜集、整理加工策略"等这些策略对开展整本书阅读教学应该有不少启发。当然，我们也可以把这些教学策略纳入一个更广阔的坐标系中。

（一）以章节为线索设计教学活动

整本书的超长篇幅既是阅读障碍又是教学设计的抓手。按章节之间的关系循序渐进地理解内容、把握精神是读书的常态，也便于组织管理和学习评估，还可以围绕章节设计各种阅读活动，如按章节整理要点、写读书报告、进行阅读竞赛等。

（二）以文类或体裁为线索设计教学活动

人类创作的书籍体裁丰富，其价值常与文类特点有关系，如语录体类往往思想深刻、表达精练，传记体类往往叙事生动、富有励志性，社科类往往能开阔视野、推理严密，散文诗类往往含义隽永、节奏明快。根据文类特点设计相应的学习活动，就可能最大限度地感受其特点、吸收其精华，如对《论语》这种经典语录体，就可以采用每周学一节、反复成诵的学习方式。

（三）以读书方法为线索设计教学活动

古今中外的读书人总结出很多行之有效的读书方法，如传统的校勘、评点、批阅、辑要等方法，现代人提倡的比较阅读、思维导图法等。学生如果能按某种阅读方法的一般要领开展阅读，则他们在完成阅读任务的同时，在阅读策略上也会渐有收获。

（四）以活动类型为线索设计教学活动

除了读书会、演讲会、表演会、撰写论文以外，还可以举办读书竞赛、书评征文、图书交换、向同学推荐图书、家庭读书经验交流、参观图书馆等活动。这类活动的优点是学生的自主性强、学习趣味高，不足之处是花费时间多，因此可与其他学科的社会活动一起统筹安排。

（五）结合任务群为学习主题设计教学活动

结合语文必修课程或任务群学习内容、按专题进行补充阅读。很多语文教材都是围绕一定的专题选编课文、形成单元学习内容的，如"家国情怀"单元、"拥抱自然"单元、"珍惜生命"单元。结合这类主题和所学语文知识，适当补充整本书阅读任务，也许会让两者形成互补，相得益彰。

（六）围绕解决问题的需要设计读书活动

读书的重要目的之一是借助他人的思想成果提升自己，帮助我们解答学习困惑、解释生活中遇到的难题，或弄清楚一种新概念、新说法，不是为读书而读书。因此，围绕一个值得研究的问题，去广泛收集材料、进行深入探究、主动寻求答案，这种读书方法或教学活动更值得提倡。比如"人工智能""深度学习"就是最近才出现的新概念，通过有目的的阅读来了解这些概念，既能获得新知，又助于提升阅读素养。而基于问题的阅读也不一定限于阅读整本书。

（七）鼓励学生开展有个性的读书活动

整本书阅读的主体是学生，主要方式是课外阅读，重点激发学生的阅读兴趣。教师应鼓励学生根据自身特点创造富有个性的读书方法，并向其他同学推广，这对活跃班级读书气氛、推动整本书阅读教学有明显作用。

整本书阅读教学设计所面临的最大挑战是如何兼顾不确定性和规定性，在一定程度上实现自由阅读的组织化。因此，就中学语文课程话语下的整本书阅读而言，教师的很多工作与其说是做教学设计，不如说是进行阅读活动组织设计。教师在教学组织中还应注意以下几点。

1. 整本书阅读教学要面向全体学生，学生的阅读内容、需求层次可以有区别，但作为语文课程的一部分，整本书阅读不应成为只有少数学生精英参加的读书俱乐部。

2. 条条大路通罗马，语文教师应根据班级情况和自身特点，选择上述两三种线索安排整本书阅读活动即可，不应四面出击。如果每一种方法都想尝试，把摊子铺得太大，可能最后会使读书活动虎头蛇尾。

3. 新颖的读书活动往往有利于激发学生的读书兴趣，但读书形式应围绕目的、长期坚持、注重实效，尽量避免那种本末倒置的形式主义做法。

《格列佛游记》阅读设计

文化背景

《格列佛游记》是 18 世纪英国著名的讽刺作家乔纳森·斯威夫特（1667—1745）的代表作，是一部远远超出读物范围的奇书。全书由四卷组成，在每一卷中，主人公梅尔·格列佛都要遇到难以想象的情况，这位英国外科医生出身、后升任船长的冒险家，分别在小人国、大人国、飞岛国等地游历，构成了《格列佛游记》的 4 个部分。小说通过虚构的情节、夸张的手法，对当时的英国社会政治、法律、议会、党争、军事、教育、社会风尚乃至整个人类的种种劣根性进行了无情讽刺和抨击。

教学目标

1. 理解斯威夫特对科学进程所带来的负面效应的批判。

2. 其他作家对人类滥用科学所带来后果的警告。

教学过程

1. 课外阅读作品。

① 《1984》——乔治·奥威尔；

② 《勇敢新世界》——阿尔多斯·赫胥黎；

③ 《海底两万里》——儒勒·凡尔纳；

④ 《时间机器》——黑格·威尔士。

2. 把上述小说中作者对科学的负面效应的批判（直接或间接）与《格列佛游记》中的批判联系起来，指出这些批判是有意的夸张还是基于事实的预言。

3. 透过小说来研究作者和作者所在的时代，看哪些事件形成了作者书中的观点，并记录下来，以海报形式展出。

作业

1. 如果斯威夫特生活在21世纪，他会对我们的生活有什么看法呢？列出可能被斯威夫特作为讽刺目标的东西。选取一个方面，写一篇讽刺论文或讽刺故事。

2. 政治漫画一直是一种普遍的、有效的讽刺形式。从新旧报纸或杂志上，收集3幅政治漫画，分析漫画家讽刺的目标和事件，准备在班上进行口头汇报，汇报时要解释为什么一张图片可以胜过千言万语。

整本书的阅读教学涉及许多环节，如选择读物、布置阅读任务、开展专题阅读、设计评价策略等，这份阅读设计在上述几点上都有所考虑。

该设计中学习过程有三项学习活动，要求学生阅读5本书，聚焦"作者对科学负面的批判"展开讨论，第三个活动趣味性、挑战性更大一些，需要学生透过小说来研究作者和作者所在的时代，并用海报的形式呈现研究结果，这些海报还需要正式发布。学习的环节很简明，但不难看出学生的活动很充分，阅读有深度，之后的延伸作业也颇具挑战性，进一步将阅读、写作、口语交际的学习活动整合起来，引导学生把语文学习与对生活的观察思考整合起来，这都值得我们学习。

专题阅读

围绕一位作家的作品进行专题阅读，也是值得尝试的深度阅读教学。下面是《伊凡·安德列耶维奇·克雷洛夫》的具体编排。

1. 课文《伊凡·安德列耶维奇·克雷洛夫》（传记），附关于传记内容的四个问题。

2. 克雷洛夫寓言一则《杰米扬的汤》，附短文《让我们一起理解寓言》，谈论的主题是理解寓言应当了解寓言主人公的性格、态度、企图和在具体情境中的目的，结合课文做简要而富有启发性的讲解；而后是关于寓意和表现主人翁性格和意图的朗读。

3. 克雷洛夫寓言一则《狼和小羊》，附活动指导短文《根据语言排演戏剧》，先讲述寓言与戏剧的相似点——寓言通常由台词组成，要有一些主人公，然后指导角色的分配和道具准备，接着用16个关于课文理解和表演的提示性问题，引导学生背诵所扮演角色的台词。

4. 克雷洛夫寓言一则《演奏》，附短文《排演广播剧》，先讲述广播剧的特点台词以及言语的声调是表演的唯一手段，然后用9个关于课文理解和表演的提示性问题，引导学生用录音带录上自己表演的广播剧。

5. 尝试写作寓言的一套练习。

①阅读5则托尔斯泰的作品（有些是托尔斯泰改写的伊索寓言），要学生区分出哪些是寓言，哪些是童话。

②选2则托尔斯泰改写的伊索寓言，要学生与学过的克雷洛夫寓言进行比较，接着是两道讨论题：A. 在比照中，讨论克雷洛夫语言的表现力；B. 在比照中，讨论克雷洛夫寓言在借鉴中的独创性。

③尝试写作。A. 先讲述托尔斯泰改写的作品与克雷洛夫寓言（没有直接点出寓意）、伊索寓言（直接点出寓意）的区别，接着让学生分别用散文和诗歌的形式写出寓言中

的寓意，并与《伊索寓言》《古代寓言》中的相关作品对照；B.指导学生以诗或散文的形式创作寓言，并从5个方面指导作品的改善。

6.克雷洛夫寓言音乐会课、竞赛课。

①指导学生制作画有克雷洛夫寓言中插画的《邀请票》，并参加音乐会和竞赛。

②再提供14则克雷洛夫寓言目录，要求学生选择其中一些寓言，阅读并讲述这些寓言的创作历史或与它们的寓意有关的生活情形。

该设计有克雷洛夫多篇寓言的群文阅读，感受、理解、欣赏、评价，不同认知层级的活动在这里一一展开。此外，还有将克雷洛夫寓言与托尔斯泰改写的伊索寓言进行比较阅读，有寓言与散文、诗歌的比较，还有寓言的阅读与写作寓言的整合，语文学习与艺术创作、语文学习与生活体验都得到很好的交融。

四、问题与对策

(一) 教师不能以身作则多读书

影响学生阅读的因素有很多种，语文教师的影响力是其中之一。对一个语文教师来说，比较忌讳的是他自己不喜欢读书。为数不少的语文教师很少买书、读书，除了几本教材和教辅以外，很少有其他读物。俗话说"腹有诗书气自华"，如果身边无书，胸中少墨，教学中就只有干巴巴的几篇课文，言谈举止中就缺乏魅力。这样的教师若要求学生读书，自然没有说服力。

还有的教师喜欢挑战传统的观念、调侃主流说法，或者在表达对自身处境的不满时，在学生面前会感叹"百无一用是书生""人生识字糊涂时"，这种做法对学生脑海里读书的意义也会产生解构。

教师对读书的态度、行为是影响学生读书热情的动力。因此，教师应该对读书心存敬畏并身体力行。

(二) 学生读书对考试成绩没有帮助

若泛泛而论的话，几乎没有人反对学生读书，但不少家长不赞成自己的孩子（尤其是初三及高三的学生）多读书，他们有一个很直接的理由，即多读书（尤其是读大部头的闲书）会耽误学生做功课，进而影响他们的考试成绩。而一些语文教师的确拿不出读书与考试成绩成正比的证据，更有一些反面的例子是，在某些学校中，个别倡导多读书、带着孩子读书的教师，他（她）所带班级的考试成绩往往不是拔尖的，甚至还有的是倒数的。这自然成了那些不赞成多读书的人的借口了。可见，恰当看待读书与考试成绩的关系，是解决这一问题的第一步。

客观地说，读书对一个人成长的影响是潜移默化的，在作用时间上也是漫长而持久的。因此，读具体的哪一本书，的确不会对考试成绩带来直接的影响，这是一个事实。但是，持续的、大量的阅读，对一个人理解文本、认识复杂问题、提高语言表达能力等方面却有显著的成效，这些都有利于学生语文成绩的提高。那为什么还会出现上面所说的多读书会影响考试成绩的现象呢？笔者认为，原因无非有以下三种。

1. 教师发起的读书活动起步太晚，等到快中考、高考的时候才要求学生去读整本的大部头的书，对提高学习成绩没有多少正面作用。

2. 读书活动走极端。有个别老师将读书与考试对立起来，以为抓读书就是素质教育，抓考试就是应试教育，因此不用心研究考试，辅导不到位。这种做法对推广读书反倒是不利的。

3. 没有将多读书与能考试衔接起来。其实，真正的素质教育应该赢得过应试教育。要实现这一理想，一方面，需要评价标准的改革更有利于素质教育；另一方面，教师要善于将素质转化为应试能力，把平时的高质量训练融进考试的临门一脚。

建议采用的做法有：

1. 读书活动起步要早，如果初中一入校就有读整本书的计划，每学期读10本书，到高中三年级，读书量已经很可观了。

2. 与语文学习活动结合起来。比如，围绕课文学习选课外读物，围绕语文核心素养引导读书过程、教学生读书的方法。这样就有利于将学生的读书经验转化为考试能力。

参 考 文 献

1. 易海华. 教学取向失衡的破解之道——中学语文阅读教学取向调查的启示［N］. 中国教育报，2019-4-25（08）.

2. 曾祥芹、韩雪屏. 国外阅读研究［M］. 郑州：河南教育出版社，1992.

3. ［美］罗伯特·斯莱文著，吕红梅、姚梅林等译. 教育心理学：理论与实践［M］. 北京：人民邮电出版社，2016.

4. 姜念涛. 科学家的思维方法［M］. 昆明：云南人民出版社，1984.

5. 夏丏尊、叶圣陶. 文话七十二讲［M］. 北京：中华书局，2013.